Edmour Saiani

loja viva

10ª edição

Revolução no pequeno varejo brasileiro

SENAC editora RIO

SISTEMA FECOMÉRCIO-RJ
SENAC RIO
Presidente do Conselho Regional
Orlando Diniz

Conselho Editorial
Julio Pedro, Marcos Vignal, Francisco Lopes, Wilma Freitas e Valéria Lima Rocha

Editora Senac Rio
Rua Vicente de Sousa, 33
Botafogo · Rio de Janeiro · RJ · CEP: 22251-070
Tel.: (21) 2536-3900 · Fax: (21) 2536-3933
www.rj.senac.br/editora
comercial.editora@rj.senac.br

Editora
Elvira Cardoso

Produção editorial
Andréa Ayer e Karine Fajardo (coordenadoras)
Lilia Zanetti

Coordenação técnica
Senac Rio

Projeto gráfico e diagramação
Matiz Designers | Cacau Mendes e Elizabeth Dunhofer

Revisão
Maria da Glória Carvalho e Michele Paiva

Impressão
Rettec Artes Gráficas

10ª edição: fevereiro de 2010

CATALOGAÇÃO NA FONTE
DO DEPARTAMENTO NACIONAL DO LIVRO

S139L
10.ed.

Saiani, Edmour, 1955-
Loja viva : revolução no pequeno varejo brasileiro / Edmour Saiani. - 10.ed. - Rio de Janeiro : Ed. Senac Rio, 2010.
152p. : il. ; 16 cm x 23 cm

ISBN 978-85-7756-062-2

1. Comércio varejista – Administração. 2. Lojas – Administração. I. Título. II. Título: Revolução no pequeno varejo brasileiro.

09-5511.
CDD: 658.87
CDU: 658.87

Superobrigado a quem me ensina e ajuda a fazer revoluções:

- meus filhos, Marina, Rodrigo e Gustavo;
- minha mulher, Martha, que além de tudo me ensina todos os dias como se manter uma loja viva;
- meus parceiros da Ponto de Referência, que me ajudam a levar adiante a causa de tornar nossos clientes no Brasil referências como prestadores de serviço e empregadores.

Database marketing, marketing de relacionamento e *datamining* são algumas das armas poderosas na batalha interminável pela fidelização do cliente. Mas são realmente revolucionárias? Largamente adotadas pelas grandes empresas do varejo, essas tecnologias buscam recriar o diferencial perdido na construção de relacionamentos duradouros com o cliente. Em *Loja viva – Revolução no pequeno varejo brasileiro,* Edmour Saiani, reconhecido especialista em varejo, demonstra como pequenos lojistas, por vocação e com o uso de valiosas técnicas, podem mais facilmente construir esse diferencial e garantir a sua permanência num mercado onde o tamanho é documento.

O autor aborda ainda, com destreza, aspectos como a real dimensão e importância do ser humano na produção de serviços de qualidade: em um mundo altamente competitivo, somente pessoas bem preparadas são capazes de atuar como fonte de atendimento e relacionamento.

O livro é de leitura indispensável para pequenos lojistas que desejam aperfeiçoar ou mesmo revolucionar seus negócios, associando técnicas e estratégias à sua capacidade empreendedora, assim como para os grandes varejistas, que certamente têm muito a ganhar adicionando o essencial fator humano às tecnologias já utilizadas.

Senac Rio

Agosto de 2001

Prefácio

Comprar e vender, ou seja, praticar o varejo, é uma experiência tão antiga quanto a humanidade, que se renova constantemente. Por isso mesmo, é muito pertinente a abordagem conceitual do assunto neste livro. O Ciclo de Competência do Varejo transmite um conceito inovador, uma nova luz sobre o assunto, que pode ajudar os varejistas interessados a reconstruir seus negócios em bases muito sólidas.

A harmonia e o equilíbrio entre conceito competente, liderança e equipes integradas são vitais para se conseguir fidelidade e entregar aos clientes experiências inesquecíveis, além de produtos com qualidade. *Loja viva – Revolução no pequeno varejo brasileiro* leva a repensar e reestruturar esses componentes, passo a passo.

Mais que tudo, porém, a energia, a sensibilidade, o prazer e o conhecimento que Edmour Saiani reúne na área de serviços podem ser percebidos na leitura deste livro, uma contribuição inestimável para o meio especializado. Isso torna claro que, melhor do que conhecer o autor e suas ideias por meio desta leitura, só mesmo o privilégio de conhecê-lo pessoalmente – um profissional entusiasta e inspirador, um amigo que todos gostariam de ter.

Paulo Periquito

Presidente do Grupo Multibrás

Agosto de 2001

Sumário

O livro – Feito para pequenos e grandes revolucionários

Queremos iniciar uma revolução nos pequenos negócios de varejo e serviços.

O processo de qualidade e gestão nas empresas sempre enfocou as grandes organizações. Esperamos que este livro seja o começo do processo que levará o pequeno varejo à posição de líder na construção de diferenciais que garantirão a sua sobrevivência e o seu sucesso.

Ao desenvolver um modelo de competência para o varejo, estamos entregando aos pequenos varejistas a arma de que eles precisavam para adicionar ao amadorismo com que lutavam (amador é aquele que faz por amor), o profissionalismo que vai alavancar a paixão por meio de planejamento, estruturação de pensamento e, principalmente, competência na implementação.

Quem implementar os conceitos de que falamos vai transformar o dia a dia em prazer, realização e lucros por muitos e muitos dias.

Para quem é o livro?

Nossos avós nos ensinaram que evolução é escrever um livro, plantar uma árvore e ter um filho. Não dá para desmentir o que os avós da gente falam, mas faltou dizerem que ter e manter um negócio de varejo é uma revolução. Constante.

Quando pensei em escrever este livro, tinha em mente pessoas muito especiais! Pessoas que *escolheram* o varejo como espaço para exercerem suas competências. Pessoas cuja vocação era tão forte que conseguiriam superar o cansaço que o varejo traz. Mas que se realizam a cada dia com o trabalho que abraçaram. O livro é dedicado aos pequenos varejistas – os verdadeiros revolucionários, aqueles que lutam incessantemente pela sobrevivência em qualquer tempo e em qualquer cenário. Aqueles que sabem o quanto é importante se ter diferenciais de produtos, serviços e relacionamento. Sempre.

Se você tem ou trabalha num negócio grande, com escala para conseguir preços muito baixos e margens que permitam sobreviver mesmo praticando esses preços, as prioridades que vamos eleger podem não ser tão importantes assim. Mas quem é pequeno não sobreviverá sem elas.

A briga dos grandes com os pequenos está para ser iniciada. Até agora, os médios estavam no mercado e confundiam a compreensão da dinâmica do que estava acontecendo. Quem quiser estar no mercado vai ter de estar em um dos dois lados. Grandes jamais poderão dirigir seu foco para serviços e relacionamento com clientes muito diferenciados. Talvez eles consigam estar melhor que seus concorrentes. Mas serviços e relacionamentos diferenciados e que causem "uaus!" (aumentar a batida cardíaca de tão emocionado que o cliente fica) são privilégios do varejo pequeno com dono competente. É para esses donos de negócio que escrevemos este livro.

Também vão se beneficiar as pessoas que convivem com o varejo no dia a dia. Consumidores, com certeza, mas, mais que eles, as instituições que cercam o varejo e dele dependem para sobreviver, embora nem sempre compreendam ou avaliem o quanto. O mesmo vale para quem trabalha em shopping centers, empresas fornecedoras, empresas de serviços financeiros e prestadores de serviços.

Como usar

Como esta é a primeira parte da revolução, queremos repassar nossa vivência em várias etapas. Cada uma com duração e impacto suficientes para despertar no leitor o desejo de ler a próxima.

Queremos dividir com você o que aprendemos durante anos de trabalho no varejo, mostrando que inovar e trabalhar com sua equipe pode ser mais fácil do que você imagina.

O livro servirá de guia para seu pensamento no dia a dia. Não temos a pretensão de dar respostas para todos os seus problemas e nem que nossas ideias sejam tratadas como leis. Nosso intuito é ajudar você a descobrir seu caminho e a elaborar as suas próprias leis.

Na nossa metodologia prevalecem os 5 C's. *Capacitamos* as pessoas para *construir, conceitos e compromissos compartilhados.*

Se sua vontade é desaprender e reaprender e ensinar com a sua visão, esse é o caminho certo.

A única coisa que pedimos é que você esteja preparado para novidades, com o coração e mente abertos para poder absorver muita coisa. Meio como esponja. Absorver, analisar o que interessa e que seja aplicável ao seu negócio e, eventualmente, eliminar o excesso.

Nosso material, que serve de base para consultorias, cursos e palestras por todo o Brasil, foi elaborado com a cabeça e o coração. Com muito cuidado e carinho. Tudo para que você se sinta confortável e confiante ao tratar de um tema tão importante: o sucesso de seu negócio ou como conseguir ter lucro, reputação e prazer por muito tempo.

A essência de cada capítulo está logo na introdução *Revolução é...*

Se você quiser, leia primeiro apenas cada uma dessas seções para entender qual é o tamanho da guerra em que entrou.

Eu – Um pouco de quem escreveu o livro

Nasci em Ribeirão Preto (SP), em 1955, no dia de São Jorge; minha vida foi e é uma série de assassinatos. De dragões. O dragão da vez é o da inércia na evolução no varejo. Sei que é difícil. Mas, com a ajuda de todos os catequistas que andam trabalhando seriamente para ajudar o varejo e os varejistas que fazem coisas maravilhosas por aí, chegaremos lá.

Aos 16 anos, saí de casa para estudar fora e me formei em engenharia pelo ITA, em 1977. Minha vocação para essa área não era lá essas coisas e comecei a dar aulas em cursos pré-vestibulares. Adivinhe de quê? Português. Depois de formado, perambulei por várias empresas: do Instituto de Atividades Espaciais, onde trabalhei na fabricação de foguetes, até a Pizza Hut. Por isso, o meu currículo é daqueles cuja avaliação depende de o cara ir com a minha cara. Se for, me considerará eclético; se não for, volúvel!

Hoje, sou ex-executivo. Empresário. Depois de passar por empresas das quais me orgulho muito e por outras em que o orgulho vem mais da decisão que tomei de sair.

Há muitos anos, quando resolvi sair de uma sequência de empregos em multinacionais e ir para a Folia, uma marca da Mesbla, pouca gente entendeu. Quando, alguns anos depois, decidi montar uma empresa de suporte ao varejo pequeno, aí sim, ninguém entendeu mesmo. As reações dos meus amigos – e de outros nem tanto – foram as mais profundas que você possa imaginar. De louco ninguém me chamou explicitamente. Mas pensaram. As coisas que ouvi foram de "não vai conseguir ganhar dinheiro" até "esse pessoal de varejo jamais vai se interessar por consultoria".

Alguém me ensinou que, mais que mero consultor, alguém tem de ser "consultável" em alguma coisa para ser reconhecido e ganhar dinheiro nessa área. Fui descobrir onde. Minha vocação era ajudar empresas a construir diferenciais. Então, abri a Conceituau – conceito "uau!" – de conceitos diferenciados. Lembro-me até hoje quando li o conceito *wow factor*, do Stew Leonard – um supermercado nos Estados Unidos que é campeão em vendas por metro quadrado há muitos anos, exemplo em serviços em varejo competente: "Sua loja tem de provocar ´uau!´ em cada cliente que passar por ela."

Descobri minha verdadeira vocação aos quarenta e poucos anos, quando parti para um novo empreendimento em consultoria: a Ponto de Referência. A vocação aprendida no primeiro trabalho como engenheiro – fazer foguete – era a verdadeira. Pode parecer deselegante, mas é bem nobre: botar "fogo no rabo" de quem estivesse ao meu lado, ajudar as pessoas a se acelerar.

Essa mistura de experiências me fez decidir, e o caminho da Ponto de Referência estava traçado: ajudar empresas de varejo que precisassem construir diferenciais em produtos, serviços e relacionamento – e tivessem a consciência disso – seria a minha vida dali para frente.

Era uma vez o varejo do século XX

O varejo já foi diferente do que é hoje.
O mundo mudou, e você?
Ainda acha que o varejo é só um bom ponto e pronto?
Ainda acha que planejar é perder tempo?
Ainda acha que o negócio é passar a perna no fornecedor?
Ainda acha que o varejo é só comprar e vender no fim do dia?
Ainda acha que só controlar estoques faz você ter sucesso no varejo?
Ainda acha que o seu produto não precisa ser diferente do de seu concorrente?
Ainda acha que quanto mais itens para vender, melhor?
Ainda acha que o negócio em varejo é produto e que serviço não interessa?
Ainda acha que é impossível encontrar gente boa para o seu negócio?
Ainda acha que ter só um vendedor bom na loja é suficiente?
Ainda acha que é melhor não treinar o seu pessoal para que eles não saiam?
Ainda acha que gastar dinheiro em pessoal é jogar dinheiro fora?
Ainda acha que liderar é comandar e pronto?
Ainda acha que o cliente adora que você fique insistindo para ele comprar?
Ainda acha que basta a sua loja ter mercadoria para o cliente querer comprar?
Ainda acha que o que interessa é o que o cliente compre no dia?
Ainda acha que trocas aos sábados são contra o seu negócio?
Ainda acha que expandir é franquear e pronto?
Ainda acha que quando você não tem lucro o problema é do governo?
Ainda acha que quando os clientes não vêm à sua loja o problema não é seu?

Se acha, não continue.
Se não acha, inicie a sua revolução.
Vire esta página para evitar que o ranço do varejo que já passou
teime em continuar aparecendo na sua vida.
E vá em frente.
Reconstrua o seu negócio.
Revolucione a sua vida.
Seu cliente vai agradecer, comprar, voltar e recomendar a sua loja.
E, pasme: o lucro e a reputação da sua empresa não vão parar de crescer.

1

Capítulo

O Cliente · o coração que

Revolução é...

Quinze por cento dos clientes trocam as lojas onde estão habituados a comprar por outras com preço mais baixo. Mais 15% por qualidade de produto. Vinte e um por cento por falta de atenção e 49% por atendimento de baixa qualidade. O cliente só se torna fiel ao seu negócio se ele encontra: produtos, serviços e relacionamento.

No fim do século XX, o cliente, que estava muito ligado a produtos, migrou de apenas *ter* produtos para querer *ser* mais bem tratado. Como ter e ser custa mais, então, para conseguir ambos, ele tem de fazer muito.

O ser humano achava que tinha de ter as coisas para ser considerado alguém. Certo ou errado, foi como as coisas se tornaram em épocas de consumismo exacerbado. Para sair de "ser" humano para "ter" humano todo mundo tem de trabalhar, e muito. Aí vem o "fazer" humano.

Lojas competentes têm de atender o cliente nas suas necessidades de ser, ter e fazer.

Por produto, o cliente chora preço; por serviço, ele prefere comprar de você e paga o que valer; quando encontra relacionamento, vira fã, só compra lá e fala bem do negócio para todos.

O homem trocou a mera necessidade de sobreviver pelo prazer de viver.

Mantendo a amizade

Dia: Sábado. Hora: 16 horas. Situação: dia do aniversário do melhor amigo. Temperatura lá fora: 30°C, sol a pino. Estado do estacionamento do shopping: lotado. Estado de espírito: PPS — preguiça profunda sabatina. Decisão a ser tomada: qual presente dar a ele e, principalmente, onde comprar? O inevitável (tudo pela manutenção da amizade): sair para comprar alguma coisa de última hora. Tempo para estacionar: meia hora (após vários tapas e brigas para garantir aquela vaguinha). A luz no fim do túnel: enfim, a porta do shopping.

A primeira loja – Vendedores em festa, começando o fim de semana mais cedo, em altas gargalhadas. A simples entrada de um cliente faz todos pensarem em como seria bom estar naquela prainha... O olhar de cima a baixo do vendedor só serve para ver se vale a pena parar de olhar a revista que acabou de comprar. Avaliação: não valia. Depois de girar toda a loja, achei que era besteira tentar fazê-lo largar a foto da Feiticeira para prestar atenção em mim.

A segunda loja – O fim da semana tinha sido antecipado para a sexta-feira. A ressaca era evidente. Cotovelos apoiados sobre balcões. Olhos semicerrados. Moral: "... se arrastando que nem cobra pelo chão." Toda a energia a ser despendida deveria ter retorno garantido. Aquele mesmo olhar de cima a baixo me percorre na busca inútil pela carteira cheia e gorda. Eu, que só vou ao shopping de bermudas e mocassim surrado e só compro com cartão de crédito, fiquei muito longe do eleito a ser atendido.

A terceira loja – Nada como usar o "tempo livre" das seis horas de trabalho para aquele telefonema para o gatinho do bar de ontem. Atenção total para o cliente na entrada. "Dá pra esperar um minutinho que eu já vou te atender?" Claro, não é em todos os lugares que o minutinho leva apenas sessenta segundos. Às vezes, leva séculos. Einstein e a Teoria da Relatividade explicariam melhor o fenômeno que ocorre em espaços e tempos como esses. Chega de esperar.

Ufa! Revisão de estado de espírito: vontade extrema de detonar a amizade que já, nesse aniversário, durava 15 anos. Estado físico: semiexausto. Pulsações por minuto: 120.

A quarta loja – Enfim, atenção total para o cliente. Da loja toda. A voracidade de todos os vendedores se volta para mim na ânsia desenfreada de que eu leve para casa, senão o estoque todo, pelo menos aquilo que cabe nos meus armários. Algo semelhante a uma largada de Fórmula 1 se sucedeu. O vencedor transformou-se no meu algoz. Tudo me foi oferecido. Exagero? A cadeira onde ele estava sentado não foi. Mas apesar de a loja ser de calçados, a cadeira tinha preço etiquetado. Apenas para o caso de uma abordagem mais bem-sucedida.

Essa história não é verdadeira. Nenhum personagem mencionado existe na vida real. Mas você, com certeza, já passou por isso. Já perdeu a paciência.

Calma que o amigo vale a pena! Continuemos...

Na vigésima loja, algo inexplicavelmente estranho: no ar, um cheiro de descontração e carinho. Todos dentro da loja, sem exceção, praticavam algum estranho ritual. Uns dobravam as camisas com um cuidado não visto até a décima nona loja. Outros repunham mercadorias. À minha entrada, um dos vendedores, sem dialogar com os outros, nem atropelá-los, desviou os olhos do trabalho que estava fazendo e, num sincero e desconcertante gesto, disse: "Bom-dia!"

Deixou que eu me aproximasse e avaliasse o produto exposto. Como se tivesse um medidor de pulsações, no momento em que elas atingiram as 72 com as quais meu coração está acostumado a conviver, ele se aproximou para trocar ideias comigo.

Estranha familiaridade a que passei a sentir por aquela fisionomia tranquila e interessada. Daí até o momento em que saí da loja levando o presente do meu agora novamente-amigo, mais uma camisa para mim e um superpresente para minha esposa, o estresse foi a zero. Todos os movimentos do vendedor me ajudaram a tomar as decisões que eu queria tomar. Mesmo a do presente para minha esposa. Como ele pôde perceber? Não, não teria sido aquele simples olhar de menos de dois segundos que eu dei para o colar dourado. Ou teria?

Em nenhum momento houve indução. Houve ajuda. Genuína, em todos os sentidos. Até mesmo no momento em que eu optei por não levar aquele sapato marrom e o jovem sorridente se propôs prontamente a me ajudar a calçar o meu velho e surrado mocassim. Ajuda até dos outros vendedores quando aquele que me atendia teve de desdobrar os oito modelos de camisa para que minha análise fosse mais precisa. Os outros vendedores cuidaram de organizar as camisas enquanto eu experimentava o sapato. O produto oferecido era da melhor qualidade e o preço justo, coerente com a qualidade e o estilo. As instalações, muito agradáveis; a iluminação valorizava o ambiente e a mercadoria.

Vale lembrar que, na semana seguinte, eu voltei para comprar o sapato. Exatamente um dia depois de o vendedor ter ligado para minha casa para perguntar se tudo tinha corrido bem com os presentes. Caso contrário, ele poderia trocá-los. Mesmo no sábado seguinte (quando todo mundo sabe que nenhuma loja faz trocas aos sábados). Ou melhor, se fosse apenas uma questão de tamanho, ele poderia ir à minha casa ou à de meu amigo levar o outro número e trocar pela outra peça. E, como era esse o problema, ele fez o que prometeu. E foi para minha surpresa que o meu amigo disse que o vendedor o tratou pelo nome ao trocar o presente. Com o mesmo sorriso e vontade de ajudar, desde o momento em que eu recebi o bom-dia na entrada na loja.

O que diferencia as primeiras lojas da última? Competência em varejo. Do dono, de tudo e de todos os envolvidos no seu negócio. E carinho. Porque o cliente quer.

Valores do cliente

O cliente tem se tornado muito mais exigente no processo de decisão de compra. Se antes ele se impressionava com um anúncio na televisão, hoje ele para e verifica se a reputação da empresa tem a qualidade do anúncio. Importa cada vez mais a verdade e não a história que as empresas contam sobre a verdade. Antes, ninguém comprava produtos com cara ruim. Hoje, ninguém mais compra em lojas onde o dono tem a cara ruim. Ou os seus funcionários. O consumidor quer ser tratado como cidadão.

O mercado, finalmente, é cada cliente que entra na loja e não pesquisas sobre hábitos e atitudes de um bando de gente que nem se conhece e nem tem o direito de dizer o que pensa, quer e pagaria para ter — individualmente. Só no varejo o cliente pode ser atendido "do seu jeito". Os clientes esperam negociações ganha-ganha. E mais, ganho eu, ganha a empresa onde comprei o produto e ganha a comunidade que, de alguma forma, tem de se beneficiar com isso. Ganha o marketing relacionado a causas comunitárias. E ganha a honestidade.

Por mais que se diga que foi o Código de Defesa do Consumidor que causou essa mudança, o responsável foi o aumento da concorrência. Só quem trabalha em varejo sabe o que é comprar um produto ou bolar uma promoção e o cliente chegar, olhar e virar as costas se despedindo. Nem sempre o lojista está presente quando o atendimento não é tão bom e o cliente vira as costas também.

Os valores que o cliente tem usado como arma são como os olhos do camaleão. O cliente é capaz de ver todos os que podem fornecer-lhe o que ele quer num piscar de olhos. Ele escolhe o que pensa ser o melhor e o captura. Se não gosta, cospe, e vai atrás de outra vítima. O cliente muda de cor com a facilidade do camaleão. Mas escolhe a cor que vai adotar. Isso tem forçado as empresas a contra-atacar. Só as competentes, claro...

Muito já se falou sobre miopia em marketing. Não enxergar o que está por trás do que simplesmente vemos. Empresas de varejo competentes padecem de um mal parecido — a miopia pelo cliente. Focar o cliente é mais barato que qualquer processo de redução de custos. Claro, sem cair na armadilha de fazer muito mais do que o cliente espera, porque ele não paga por isso.

Mas um pouquinho mais que os seus concorrentes, sempre, isso é muito bom.

As descobertas do século

Embora alguns relutem em acreditar, cliente é gente. Depois, vamos discutir a outra descoberta: funcionário também. Mas, cliente é gente, com certeza.

No capítulo que fala da experiência, descrevemos em muitos detalhes outra descoberta: o cliente detesta que queiram vender alguma coisa para ele. Ele quer ser bem atendido, ter informações e serviços para que *ele* resolva comprar. Se ele compra porque quer, na próxima vez que precisar do produto que você vende, vai procurá-lo.

Clientes cada vez mais exigentes continuam dirigindo o varejo para novos modelos de sobrevivência e evolução. O círculo vicioso: as pessoas cada vez mais têm de assumir diferentes papéis perante o mundo, que se torna cada vez mais competitivo.

Elas são seres humanos – *ser* – com suas dores e alegrias, que querem comprar – *ter* – coisas que os destaquem na sociedade e que têm de trabalhar – *fazer* – muito para ter o dinheiro que lhes permite comprar o ingresso para o sucesso capitalista. Ser, ter e fazer não têm hora para se manifestar. Nos almoços de fim de semana com a família, o lado *ser* – amigo, carinhoso, atencioso e sensível se manifesta. Pressa para quê? Papo e mais papo. Caipirinha daqui, caipirinha dali. Mais um café, mais outro. Pronto. Depois de trocar ideias por mais de três horas com os garçons que já sabem tudo de que a família gosta, você vai para casa muito satisfeito. Lembro-me do Rubem Wiethaeuper, meu chefe no último emprego que tive: "Ser amigo do garçom é melhor que o restaurante ser bom!"

Nos almoços de dia de semana, ocorre o contrário. Os garçons ajudam a ventilar os lugares pelos quais passam, só com a velocidade com que se movimentam para atender os clientes. Vale o lado que satisfaz o *fazer*. Rapidez, presteza, reposição rápida, linguagem seca. Tudo para conseguir atender o mesmo chefe de família que agora tem pressa. Precisa trabalhar.

À saída do trabalho, no passeio pelo shopping para comprar sei lá o quê, se depara com um quiosque de gravatas maravilhosamente expostas, com cores desfilando o brilho de sedas, estampas e texturas difíceis de encontrar. Nem pressa nem carinho; neste caso, o que conta é sortimento, variedade, impacto visual. Só vale aqui o lado *ter* – comprador.

As lojas têm de escolher em qual dos três vértices do triângulo – *ser*, *fazer* e *ter* – elas vão brigar pela conquista da preferência do cliente.

Não é muito fácil decidir. Mas o cliente sabe por que compra em cada uma delas. Com certeza, ele compra em algumas porque são ágeis e organizadas, como o McDonald's e a C&A, exemplos de negócios que atendem o lado *fazer*. Nessas lojas, você sabe o que esperar. Nenhuma delas é brilhante em produtos. Ambas são corretas, não decepcionam ninguém que tenha um baixo nível de exigência. Nada mais que isso. Nenhuma delas se mete a ter intimidade com o cliente. O mínimo de contato tem de resolver tudo o que o cliente espera. Sorriso no rosto, olho no olho e pronto. Com certeza, o cliente compra em outras lojas porque elas oferecem produtos que ninguém tem.

Algumas nem são tão famosas. A Imaginarium, cadeia nacional que vende produtos para decoração, é um grande exemplo: oferece itens que a gente antes só encontrava quando viajava para a Europa. A Hering anda por aí em básico. Capricho na exposição. Capricho na iluminação. A sinalização é orgulhosa dos produtos, cuja história conta. Os pequenos conseguem fazer diferença pelo sorriso e interesse de quem atende. E pela proximidade do dono. Carinho puro.

Pronto. Três vértices. Agora resta a sua escolha. Ou melhor: a sua vocação. A que você se dedica? Por que o cliente compra na sua loja? Você é um exímio comprador? Então, a sua loja é *ter*. Você é organizado e cuida de cada detalhe da logística do negócio? A sua loja é *fazer*. Você adora gente? Sua loja, nesse caso, é *ser*. Não é questão de escolha. É questão de vocação!

Se você é pequeno, as coisas ficam mais restritas. A não ser que você atue num mercado muito específico, dificilmente conseguirá ser líder em produto por muito tempo. Logo vem um grande e compra o que você já compra e pode cobrar mais barato. Logística de ponta? Muito difícil. Se nem o Wal-Mart, que é o rei da logística, está conseguindo sucesso no Brasil só porque ainda não é gigante!

O que resta? Construir um atendimento nota dez. Estar próximo do cliente a ponto de ele esperar uma hora para ser atendido por um vendedor de quem gosta. Aí fica difícil alguém imitar. Consolo: relacionamento e intimidade nenhum grande constrói. E o que genuinamente fideliza clientes é relacionamento e intimidade. O caminho do sucesso do pequeno varejo!

Clientes e clientes

Aprendi na Bahia que o relacionamento com os clientes passa por várias fases. A primeira é a do "passante", aquele que passa pela sua loja. Depois, é a do "olhante", se ele se interessa pela vitrine caprichada que você fez. O que está na fase "entrante", claro, é o que amou a vitrine e o que havia nela. O "comprante" se apaixonou por tudo o que viu e retribuiu o seu carinho investindo no seu negócio. Há também o "recomprante", aquele que passa a dedicar seu tempo a pesquisar quais outras coisas boas você tem para que ele possa comprar. E, por fim, o que todo varejo deveria ter como objetivo, o "recomendante". Esse deveria ser o foco de qualquer negócio: que cada cliente que passasse pela loja virasse recomendante.

Marketing dos mais modernos... Mais que produto e serviço, relacionamento genuíno. Como é o seu negócio? Ainda naquela velha fase de querer apenas forçar e arranjar um jeito para que o cliente compre?

Para que a gente possa se programar e fazer coisas maravilhosas para nossos clientes, temos de saber em que fase ele se encontra, com relação a quanto ele compra, gosta e dá lucro ao nosso negócio. Há clientes e clientes. Para podermos planejar o que fazer para cada cliente, temos de classificá-lo em uma das categorias a seguir.

Pirâmide de fidelização de clientes

- **Fãs** · Vamos começar pelos que deveriam ter muito da nossa atenção: os nossos fãs, aqueles que vivem contando para todos como a nossa loja é boa, como o atendimento é campeão. E compram muito. Quanto valem esses clientes? Eles fazem o boca a boca do nosso negócio. Quem os conhece? Você ou só os seus vendedores? Eles dão muito lucro. Se os cativarmos, vão dar lucro a vida inteira, então temos de criar privilégios para que eles queiram falar cada vez mais de nós. Tentar vender mais para eles é estupidez. Eles já compram o que podem...
- **Clientes frequentes** · Em restaurantes, vêm toda semana nos visitar. Em lojas de roupa, todo mês. No café da esquina, voltam de manhã e à tarde. Cada negócio sabe o que é o cliente voltar sempre. O nível de consumo desses clientes também é alto. Ninguém pode nem deve tentar vender mais para eles. Mas todos devem fazer coisas que os façam gostar cada vez mais da nossa loja, até que eles virem fãs.
- **Compradores** · Já nos visitaram, mas não sabemos quem são e ninguém sequer anotou seu endereço. Nem o número do telefone que estava bem ali atrás do cheque... que já foi para o banco. Adeus futuro cliente. Ainda não dão muito lucro, mas poderão vir a dar.
- **Candidatos** · Nos visitam, mas não compram. Como devemos tratá-los? No mínimo, como candidatos a reis. Um dia eles vão comprar. A Borders, livraria americana, nem liga se o cliente fica várias horas confortavelmente sentado lendo livros. Naquele dia ele não compra, mas um dia vai comprar. E vai falar tão bem da empresa que já valeu o preço da cadeira.
- **Suspeitos** · Não nos conhecem e talvez nem venham a nos conhecer. Com esses, por enquanto, não vamos nos importar. Em um processo mais estruturado de conhecer clientes, entretanto, poderemos e deveremos criar mecanismos que nos possibilitem estabelecer pelo menos algum contato com eles. Se, por outro lado, eles não forem parte do público-alvo, podemos deixá-los como suspeitos. Clientes fora do público-alvo deveriam receber, no máximo, indicação de onde poderiam encontrar o que estão procurando.

- **Não clientes** · Há o outro lado da moeda: os clientes indesejáveis. Existe isso? Claro que existe. E as coisas têm evoluído de maneira que os clientes entenderam que eles também não são tão soberanos assim. Chega de clientes grosseiros que maltratam a equipe de varejo sem nenhum motivo aparente! Nem acredito que isso acontecia nos anos 1990.

Só quem trabalha em varejo entende que há dois lados na moeda de serviço ao cliente. Há os que merecem, sim, um atendimento de primeiro mundo, mas há outros que cavalgam loja adentro como se o dinheiro que eles se dispõem a pagar pela mercadoria fosse suficiente para comprar a alma de todos que trabalham na loja. Quando minimamente contrariados, ou não suficientemente "paparicados", gritam com toda a força do ego que carregam no peito. E maltratam.

Quanto mais bonita a loja, mais o cliente se investe de poder. Lembro-me até hoje de uma cena numa das lojas da Pizza Hut, na Barra da Tijuca, no Rio de Janeiro, quando um cliente, até bem-apessoado, percebeu que no copo que lhe foi trazido com o refrigerante que pediu havia um gomo de laranja – do lado de fora e quase ao pé do copo. Urrou! Nem aos pedidos de desculpas do atendente, o bem-apessoado diminuiu o tom de voz. Nada o acalmou. Eu juro, estava perto, o atendente foi muito educado. O cliente??? saiu aos berros. A carta que enviamos da diretoria pedindo desculpas também de nada adiantou. Foi ao Procon. Sorte que no processo tínhamos como testemunha uma câmera de vídeo que gravava o salão que registrou todos os palavrões que ele disse e todos os impropérios com que ofendeu o atendente. Quase que o juiz propôs outro julgamento. Ofensas morais do cliente ao atendente.

Bem faz a Southwest Airlines nos Estados Unidos que quando o cliente passa dos limites com funcionários que estejam agindo corretamente o convida a não mais usar seus aviões. O funcionário é mais importante que o cliente, diz o dono da empresa aérea, Herb Kelleher, no seu livro *Nuts*.

Capítulo 2

O Futuro do Varejo

Revolução é...

O varejo e as áreas de serviços serão os grandes empregadores deste século. Não há mais perspectiva de que o emprego gerado pelas indústrias de manufatura cresça. Se o Brasil investir em varejo e serviços, estará exercendo a sua real vocação. Inclua-se o turismo e vamos começar a pensar em colocar o país na ponta daquilo que ele nasceu para fazer. Varejo, serviços e turismo são áreas que têm a ver com a alma do brasileiro. Usam relacionamento como a maior força e podem vir a ser referência mundial.

O emprego nessas áreas é o mais democrático. Permite que pessoas nem tão preparadas academicamente possam se capacitar e cresçam no trabalho como em nenhum outro mercado. É só investir. Ou melhor, é só deslocar o investimento que vem sendo feito nas indústrias gigantescas para as pequenas. E às indústrias cabe o papel de ajudar os pequenos clientes, aqueles que geram as melhores margens, a melhorar.

o papel do varejo no Brasil do século XXI

Os próximos vinte anos do varejo no Brasil

O varejo sempre foi visto por quem não trabalha na área como emprego de segunda categoria. Não só no Brasil. Nos Estados Unidos também. Pesquisas americanas com estudantes de programas de pós-graduação apontam o varejo como uma das últimas opções de trabalho para eles. Trabalhar nos fins de semana? Nem pensar.

Mas as coisas estão mudando. A começar pelos Estados Unidos. Um fato concreto é que a The Container Store, loja que vende material para armazenamento e organização de espaços em residências, ganhou, pela segunda vez, o prêmio da revista de negócios *Fortune* de melhor lugar para se trabalhar nos Estados Unidos. Mesmo competindo com todas as empresas americanas de todos os ramos de negócio. É, o varejo está mudando.

E no Brasil? O varejo no Brasil nunca teve papel tão importante quanto terá nos próximos vinte anos. O emprego, como o conhecíamos tempos atrás, acabou. Nossos avós queriam que seus filhos trabalhassem no Banco do Brasil; nossos pais que trabalhássemos numa multinacional. A nós, resta esperar que nossos filhos tenham veia de empresários. Para ter o seu próprio negócio e, se Deus quiser, viver com o dinheiro que ganharem nele.

Ser empresário, no conceito mais moderno que existe, tem a ver com virar o Brasil do avesso. Criar uma contracultura em relação ao que o País vive hoje. Quem não conseguir ser empresário vai ter de se contentar em ser empregado no varejo. E o varejo vai ter de merecer quem se decidir por trabalhar neste mercado. Eles serão cada vez mais bem formados e cada vez mais competentes. Grandes mudanças à vista.

Parece coisa de maluco, mas é importante entender o contexto sociocultural do nosso país e o momento histórico que estamos vivendo para conseguir associar o papel que o varejo desempenhará no próximo passo do desenvolvimento verde-amarelo.

O Brasil vem sofrendo metamorfoses desde que foi descoberto. Quando alguém gritou "terra à vista", lá pelos idos de 1500, ninguém poderia imaginar que o que se viveria por aqui seria esse jeito Brasil de ser. Um jeito de ser alegre, mas orgulhoso. Por não ser convicto nem radical, meio sem definição clara, o brasileiro se mostrou flexível, aberto às mudanças e com cara de quem ia dar certo. E está dando certo.

Às vezes, reclamamos que está demorando, mas temos de reconhecer que o Brasil é um país com vivência e cultura focadas apenas na sobrevivência. Pouco no empreendimento. Como? É só analisar a história nacional. É muito difícil encontrar história de empreendimento no Brasil antes do Descobrimento. Enquanto incas e maias realizavam ações das quais o seu povo se orgulha até hoje, no Brasil, houve poucas realizações marcantes. Com certeza, eles nunca saíram do nível de sobrevivência, enquanto os seus contemporâneos de outras civilizações voaram mais alto em realizações e construções de conceitos e cultura. Dizem que a cultura de um país é aquilo que as pessoas fazem quando não lhes dizem o que é para ser feito. O que fazem então quando a cultura aponta para a sobrevivência? Só sobreviver.

Dificuldade número um de grande parte do Brasil: falta de cultura empreendedora. As diferenças regionais são muito grandes exatamente porque alguns estados brasileiros têm a força da cultura que veio de fora trazida por estrangeiros. Sabidamente, os países que se envolveram em guerras de verdade encontraram momentos de convergência quase absoluta de pensamento e evoluíram muito na época dessas guerras.

A luta pela sobrevivência da nação é vital para gerar o espírito de nacionalidade que tanto contribui para que as individualidades se integrem e se complementem pelo bem da comunidade. O Brasil, com a graça de Deus, nunca teve guerras que o machucassem, que o mobilizassem a fundo. Nem tem problemas como terremotos, maremotos ou vulcões que destruam a terra e construam a alma nacional.

A falta de grandes causas que mobilizassem e se tornassem catalisadores de pensamento e de atitude é o problema número dois dos primeiros quinhentos anos de nossas vidas.

Sem cultura histórica e causas envolventes, o país sempre andou por caminhos desbravados por seguidores de líderes menos ruins que outros. Pessoas com um pouco mais de expressão. E não há líderes fortes que possam gerar a imitação sadia, que é a maior demonstração de admiração que um povo pode ter. Submissão idolátrica não ajuda muito, mas é pior constatar a falta de referenciais claros de lideranças construtivas e mobilizadoras. Problema número três: se eu não sei o que fazer, imito quem?

A virada do varejo

O Brasil precisará criar uma guerra branca para os próximos vinte anos. Uma guerra em que a cultura vai ser construir espaços para que quem aqui vive possa trabalhar e se desenvolver, aprendendo a conviver na nova era que está surgindo, na qual, definitivamente, o emprego convencional será substituído pelo "empreendedorismo". Pela iniciativa.

Os próximos vinte anos serão o maior berço de liderança que o País já teve. A liderança deixará de ser chefia e autocracia para ser ferramenta de integração de pessoas. E só se desenvolve liderança praticando. Dia após dia. E liderança não tem nada a ver com apenas ser nomeado diretor ou gerente de empresa grande. Liderança tem a ver com desenvolver cultura, criar causas pelas quais as pessoas se sensibilizem e passem a lutar, sabendo que a causa também é boa para elas e que elas vão se beneficiar, e muito, se a causa for vencida.

Essa grande liderança se desenvolverá por meio de muitos pequenos grandes líderes no negócio de varejo ou de serviços: os revolucionários. Vão mudar a política, a sociedade e o Brasil.

E não é fácil! Numa palestra, dia desses, um empresário varejista de muita consciência disse-me que era mais fácil cuidar de sessenta milhões de dólares numa empresa financeira que ter uma loja.

Para melhorar, de fato, as condições de emprego e de geração de renda no Brasil, eu exploraria três campos, além da terra e da indústria, que já estão nos jornais. Estou falando de varejo, serviços e turismo.

Servir – Vocação do Brasil

As vocações do Brasil em gerar divisas não estão sendo plenamente exercidas e, portanto, não estão movimentando a força de trabalho que poderiam estar. Nelas, o foco seria claro: o Brasil tem de atender melhor! Causa puramente ecológica. Ou será que pensar em como tratar bem o próximo não é a melhor forma de ecologia? A causa usaria o capitalismo para construir o bem-estar coletivo. Gente bem atendida recompensa e reconhece. E volta. E serviço leva todos a pensar nos outros.

O varejo e as empresas de serviço são o caminho mais democrático para empregar quem precisa e quer. Ambos não têm o pré-requisito da formação acadêmica. O varejo, aliás, forma as pessoas para o trabalho a ser realizado. Não se pode desprezar o que os McDonald's da vida têm feito na capacitação básica de quem passa por ali, em fundamentos de qualidade. E olhe que, às vezes, não acho tão bons assim alguns aspectos de liderança e a forma de tratar as pessoas que lá trabalham. O primeiro emprego a gente nunca esquece e o *debut* de muitos brasileiros em uma vida de prestação de serviços e de arregaçar as mangas tem sido lá.

Varejo e serviço requerem, sim, muita formação espiritual, porque a lida diária com gente é dura e nem sempre recompensadora, porque as pessoas não costumam ser generosas quando compram. Mas o varejo vai ter o papel de empregador deste século.

De sobra, vem o turismo, primo do varejo e irmão dos serviços. Um país como o Brasil tem de aprender a usar a sua beleza. Nossas modelos e a moda brasileira já estão mostrando o quanto exibir o corpinho pode nos render. Imagine mostrar, como o Nordeste já está fazendo, as coisas que temos para exibir, criando um mote nacional tipo: "Quem vê acha tão bonito e é tão bem tratado que quer voltar." As baianas de Salvador constroem um mundo de empregos e já deveriam ser exemplo para quem não acredita no potencial que o turismo tem de tornar o Brasil um país mais nobre para se viver.

Ecologia empresarial

As empresas produtoras cada vez mais reconhecem a importância do pequeno varejo para sua sobrevivência e recuperação da lucratividade. As empresas pequenas são as melhores prestadoras de serviço. Mas precisam de ajuda. Necessitam que as empresas grandes gastem menos em mídia e revertam parte dos recursos para sua formação, pois, se nem sempre elas são as que realizam as maiores vendas, com certeza, são as de melhor lucratividade. Ecologia empresarial. Todos lutando por um ambiente empresarial mais duradouro e saudável. Se as empresas assumirem seu papel de apoiadoras das empresas pequenas, se as instituições se unirem, se os governantes ajudarem, o varejo e os serviços podem vir a ser o orgulho nacional. Se depender dos bons varejistas, eu tenho certeza de que é possível.

3

Capítulo

Você Varejista · vocaçã

Revolução é...

Por mais que a gente tenha desenvolvido um modelo de competência específico para varejo, uma coisa fica sempre martelando na nossa cabeça quando estamos diante de um problema numa empresa de varejo: o dono. Lojas pequenas respiram, sorriem, xingam, lamentam, por influência do dono. Passeie pelo shopping e sinta as lojas. Lojas estruturadas têm donos estruturados. Lojas animadas têm donos animados. E lojas mal-humoradas têm donos mal-humorados.

Dinheiro não o elege para ser dono de um negócio de varejo. Nem tino comercial à moda antiga. O que conta é vocação de varejo. Gostar genuinamente de fazer algumas coisas que não são para qualquer ser humano. Fibra, persistência, alto nível de resistência à frustração, gostar de colocar a mão na massa de vez em quando e prazer em fazer gente feliz contam muito. Varejistas e varejistas. Com "V" ou com "v". Os que estão porque precisam e os que são porque escolheram. Estes vão ficar. Os primeiros vão vender seu negócio, provavelmente, mal, se der tempo.

Mude! Antes que alguém venha querer mudar você.

As ferramentas para a sua revolução estão aqui.

Varejistas de verdade

Já dissemos que queremos falar com Varejistas, com "V" maiúsculo. Proprietários, vendedores, gerentes, fornecedores, prestadores de serviço... Gente que, de uma forma ou de outra, compreende a importância que o varejo terá no século XXI e, mais que isso, a dificuldade que está por trás de se fazer varejo de forma competente.

Quem trabalha na área sabe que são tantos incêndios que apagamos todos os dias, tantos problemas para resolver, tanto esforço para se manter vivo, que o tempo que sobra para investir em crescimento e desenvolvimento é quase nenhum. Às vezes, a gente resolve desistir! Mas não é tão fácil assim. Os raros momentos de descanso são usados para o lazer e para a família. E ai de quem mencionar trabalho nesse período! Assim, não sobra tempo para nada.

Solitário, sem rumo, ou sem saber se o rumo que escolheu é o certo, tendo de ser super-homem várias vezes ao dia, o varejista, ou pretendente a varejista, deveria dimensionar melhor a importância e a complexidade do seu negócio e, principalmente, a importância do seu papel nele. O dono é a alma da loja. Ele é o modelo de tudo o que acontece nela; é ele quem tem os recursos, é ele quem cria as estratégias, é do seu exemplo que emanam todos os fluidos bons ou ruins para que tudo aconteça no dia a dia. E o que é necessário para alguém ser bem-sucedido no varejo?

Anos atrás, para ser dono de loja, o bom era ter tino comercial. Mas, caramba, o que exatamente significa ter tino comercial? Se pensarmos bem, tino comercial é algo parecido com Qualidade Total nas fábricas: todo mundo fala dela, mas pouca gente sabe explicar o que é. E quase ninguém sabe fazer de fato.

Chega o século XXI e aí se percebe que, além das dificuldades normais, o mundo mudou, e muito. E a velocidade das mudanças aumentou, e muito. Deflação, competição e conscientização do Cliente (com "C" maiúsculo por respeito, admiração e compreensão da importância no sistema). Tem gente que chama isso de caos. Na verdade, é a competição. Cada vez maior, cada vez mais acirrada. A dúvida que aparece então é: como se capacita quem quer ter sucesso nesse novo ambiente? Quem tenta adivinhar? MBA? Cursos no exterior? Visitas a lojas nos Estados Unidos? Feiras de varejo? Comprar um computador? Qualidade Total? Tudo ajuda. Mas o diagnóstico é mais grave: só as coisas que se aprendem na escola não sustentam o negócio. O bom varejista tem de ter mais que habilidades e tino comercial. Ele tem de ter vocação para ser lojista. Gostar das coisas que precisará fazer no dia a dia.

O confronto diário com situações típicas faz com que a indústria de varejo seja a mais peculiar em termos de problemas e conflitos por metro quadrado e por pessoa. O dilema maior é que vocação não se aprende. Vocação nasce com a gente. Uma dúvida aparece: por que a vocação é tão importante? Outra: como avaliar a vocação? Uma pergunta simples ajuda: você se contrataria para ser gestor do seu negócio? Se sua avaliação diz não, mude de vida. Se ela diz sim, dê uma olhada nas vocações de que o lojista precisa, pense em como você pode reforçar as vocações fortes que tem e como aparar as arestas daquelas em que você não é mestre. Conheça-as! E depois passe para os próximos capítulos. Só depois. Não fuja dessa análise primeiro.

Vocação para gente

A primeira vocação que o lojista precisa ter é para gente. Loja é um negócio de gente. Varejo é um negócio de gente. Mais de 80% do tempo no negócio de varejo é conviver, se relacionar. Lidamos com fornecedores, funcionários, clientes. Temos de ser continuamente exemplo de postura. Ela retrata nossos valores.

Nossa loja tem de merecer pessoas do melhor nível de mercado. Trazer pessoas que sejam boas é chave para o sucesso do negócio. Temos de formar essas pessoas para que elas acrescentem ao que são o que for necessário saber para que todos façam bem o que deve ser feito. Depois, é papel do dono criar processos para acompanhar seu pessoal e criar um ambiente para que, além de fazerem bem o que precisa ser feito, elas tenham muito prazer em fazê-lo.

Afinal, quem atende seus clientes é o pessoal em quem você deposita a sua confiança. Trate-os bem e eles vão retribuir repassando o carinho recebido aos clientes e cuidando do seu patrimônio. Faça o contrário e você vai perder dinheiro de duas maneiras terríveis: perdendo a venda e o cliente pelo mau atendimento e pela dilapidação do seu patrimônio como consequência do mau tratamento dado ao seu pessoal.

Vocação para serviços e relacionamento

A segunda vocação é para serviços e relacionamento. Bons tempos aqueles em que ter produto, ponto, promoção e preço garantiam seu sucesso. O cliente nos experimenta toda vez que nos visita. O sucesso hoje só estará garantido se o serviço e o relacionamento que prestamos estiverem melhor do que o cliente espera na visita. A experiência que ele tem na nossa loja define na cabeça e no coração dele se vai ou não voltar. Se vai ou não nos recomendar.

Quem quer ter loja deve ter como objetivo fazer com que o cliente sinta um impulso incontido de contar as coisas boas que aconteceram após cada visita. A experiência que o cliente tem é a soma do produto que ele leva na sacola com o serviço que ele leva na cabeça e o relacionamento que alguém fez com ele, que ele vai acabar levando no coração. Já falamos que a fidelidade de clientes está 30% atrelada a produtos e 70% a serviços e relacionamento.

Cuide do seu produto e cuide mais ainda do seu serviço. Produto todo mundo pode comprar, embora produtos diferenciados estejam cada vez mais difíceis de ser encontrados. Construir serviço e relacionamento diferenciados depende da sua convicção de que este é o diferencial do século XXI. Sua convicção é pura vocação.

E serviços e relacionamento dependem do seu exemplo todos os dias. Todas as pessoas que trabalham no seu negócio se inspiram nas suas atitudes. Abaixe para apanhar papéis caídos e todos vão abaixar. Sorria para o seu pessoal e eles vão sorrir para seus clientes. Se você é daqueles que analisa detalhadamente o atendimento em todos os lugares pelos quais passa, siga o seu instinto e trabalhe para fazer do seu negócio um lugar que você admiraria.

E o que mais dá ânimo: pare de ter medo dos grandes. Afinal, é dez vezes mais difícil para eles construírem serviço do que para você. Relacionamento, então, nem pensar. Sua chance está aqui. Se sua vocação for forte; se não for, repense a vida.

Vocação para mecenas

A terceira vocação para quem quer trabalhar em varejo é a de mecenas. Só para lembrar: mecenas eram as pessoas que patrocinavam a arte e criatividade dos outros generosamente e sem esperar nada em troca. Mecenas e generosidade têm tudo a ver. Por que ser mecenas? Porque as melhores ideias que vão aparecer no seu negócio estão na cabeça do seu pessoal, não na sua. Seu pessoal está todo dia em contato com os seus clientes. Com certeza, eles devem perceber muitas oportunidades de conquistá-los com ações, às vezes, pequenas que só dependem da sua aprovação para serem implementadas. Prestigie as ideias do seu pessoal. Ouça-os ativamente. Fale com eles todos os dias.

Além de falar com os seus funcionários, fale com os clientes. Aliás, exercite falar com apenas um cliente por dia. Ao final do ano, serão mais de duzentos clientes ouvidos e, se você for hábil, clientes muito bem impressionados com o seu interesse pelo que ele acha.

E qual ideia vale a pena implementar? Qualquer ideia boa. A velha filosofia do "tuoquinãoémieuni" ("tudo o que não é minha ideia eu não implemento") não vale aqui. É coisa de gente muito incompetente.

Vocação para o tipo inteligente-preguiçoso

A quarta vocação é a de trabalhar em poucas coisas e bem. "Não dá tempo!" Esse é o jargão mais forte que se ouve em varejo. Como resolver o problema, se tempo não é elástico? Vivo contando uma história da minha época de Ribeirão Preto, quando eu e meu "cumpadi" de lá estávamos na beira do Rio Pardo e vimos uma onça. Ele me disse rapidinho: "Temu qui corrê, cumpadi." Eu rapidamente respondi: "Mas a onça córri mais du qui nóis." Meu "cumpadi", que de caipira só tinha o sotaque, desfechou: "Mas eu corro mais qui ocê." Temos de nos focar na essência. Fazer a essência é descobrir no que ser melhor que o concorrente e fazê-lo a um preço que o cliente queira muito pagar.

Trabalhe pouco, seja bem melhor que seus concorrentes em alguns poucos itens. Deixe o resto. O papo aqui é: qual é o melhor dono de varejo? Trabalhador burro, trabalhador inteligente, preguiçoso-burro ou preguiçoso-inteligente. Claro que é o último. Ele não perde tempo com coisas que não gosta de fazer. Usa o tempo para fazer coisas que dão realmente resultado. Adora delegar, por isso tem uma equipe campeã. E faz as coisas que tem de fazer rapidamente e muito bem. Afinal, a vida dele é ter tempo para fazer coisas novas que vão colocar seu negócio na ponta do mercado em que atua. Afinal, ele é inteligente ou não?

Vocação para missionário de integração

A quinta vocação para ser lojista é a de missionário de integração. O maior problema de qualquer empresa? Falta de integração. Ter pessoas boas é meio caminho. Integrá-las depende de que você faça um esforço muito grande para mostrar a elas o que vão ganhar ao se integrarem. Aprendi com a Elisa Bertazo Barbieri, minha sócia de Porto Alegre, que as pessoas são como os porcos-espinhos na era glacial. Viviam juntos para fugir do frio, mas morriam de hemorragia porque se espetavam, e muito, e a perda de sangue era fatal. Resolveram viver separados. A taxa de mortalidade aumentou bastante. Então, fizeram o que deveriam ter feito há muito tempo. Resolveram ficar juntos de novo, mas com uma condição: cada vez que um espetasse demais o outro, o outro avisava. Assim, não haveria perda de sangue exagerada.

Combinar a atuação é vital. Combinar como viver juntos e em que ponto começa a autonomia de um e acaba a do outro, mais ainda. Integração começa assim! E continua com a sua pregação diária de que todos devem caminhar na direção da empresa e não individualmente. Se o esforço para que todos trabalhem juntos não for grande, a desintegração toma conta da sua loja. Todos morrem de frio. E as pessoas só se integram se a causa que elas abraçam é motivadora e desafiadora. Causa que só missionário e dono podem liderar.

Capítulo 4

O Dia a dia: as priorida

Revolução é...

Que tipo de empresa vai funcionar nos dias de hoje? A profissionalizada, a grande, a pequena, a gerida pela família? Depende da vocação do dono e de onde ele coloca as suas energias.

A afirmação mais frequente do século XX era a de que empresa familiar era um mau negócio. Profissionalizar era tudo. De preferência, depois que a empresa estivesse andando bem, o negócio era contratar algum experiente executivo do mercado que soubesse aplicar ferramentas de gestão.

O contrassenso é que, assim que o executivo entrava, começava a dizer que a empresa deveria comportar-se como uma família, que todos são como parentes...

O dono tem de saber aplicar o tempo que tem disponível. Quem só faz tarefa morre cansado. Quem não acompanha perde o controle. Quem não motiva perde o gás. Quem não integra perde a visão do todo e quem não renova fica velho muito rapidamente.

Competência é tudo

Na verdade, o que interessa é competência. E competência tem a ver com vocação para o negócio, intuição e profissionalização. Mas no dia a dia, só quem tem um negócio pequeno, que dependa muito de si próprio, sabe o quanto é difícil alocar o tempo corretamente. Jack Welch diz que seu trabalho na GE dividiu-se em duas fases. Primeira: alocar capital e escolher gente. Segunda: transferir ideias de um lado para outro na empresa. E quem nega que ele usou bem o tempo?

Na hora H, o tempo do empresário de varejo (e de qualquer outro empresário) divide-se em cinco grupos de atividades: tarefas, acompanhamento, motivação, integração e renovação. Os negócios de sucesso e os que não dão certo têm uma diferença fundamental: além de vocação, intuição e profissionalismo, os executivos de sucesso dividem o tempo inteligentemente entre os cinco grupos de atividades. Quando "fazer o quê?" parece ser um dilema que, se resolvido, modifica a situação da empresa de perdedora para ganhadora.

Tarefas

Quem não teve a sua fase negra de "ralação"? Loja nova é ralação pura. Quem, ao abrir a primeira loja, não fecha o caixa, lava o chão, descarrega caminhão, faz nota fiscal e tudo o que significa derramar suor? Afinal, tanto dinheiro investido merece que se batalhe, e muito, desde o começo para que o retorno do investimento comece já. E parece que quanto mais a gente mete a mão, mais o dinheiro volta. Nessa fase, até que é assim. O lojista aprende a fazer o que tem de ser feito, com todos os detalhes e "macetes". Sorte de quem já tinha experiência em varejo, se não aprender pode demorar muito mais e custar caro.

Mas aprender é vital e, por isso, vale a fase da tarefa. Essa fase, que não acaba nunca – apenas deveria diminuir ao longo do tempo – gera um efeito estranho na dinâmica da empresa e na cabeça das pessoas. Exemplo: tudo o que você fizer nessa fase vai ser imitado por sua equipe. Se você trata o cliente bem, o pessoal vai se esforçar para tratar. Se você briga com algum cliente, dá direito a que todos possam brigar de vez em quando. Se você se atrasa sempre...

Acompanhamento

A próxima fase é a do acompanhamento. Depois que se aprende tudo, chega a hora de nomear o primeiro sucessor. Delegar alguma tarefa ou função que você executava. O acompanhamento é o filho do ato de delegar. Depois que você delegar alguma tarefa ou função, o acompanhamento se faz imprescindível. Não que o seu sucessor precise ser um gerente que herde tudo o que fazia. Pode ser o caixa da loja herdando a tarefa de fazer o fechamento do caixa. Coitado! Nunca vai atingir o nível de competência que você atingiu! Claro, aos poucos, sim. Mas enquanto ele não chega lá, muito acompanhamento. Aquele bafo no pescoço que deixa quem está lá muito pressionado. Mas é a única maneira de garantir que você vai estar mudando de patamar e podendo ampliar o seu campo de atuação.

Essa fase tem de durar pouco, muito pouco. O sucessor passa a errar cada vez menos e ganha um jeitão de fazer as coisas bem parecido com o seu. Até a confiança ficar forte. Agora sim, sossego. Descanso em algum sábado por mês. Nos outros, você ainda vai à loja ver se tudo está benfeito.

Motivação

Se você ganhou confiança no seu sucessor, chega a hora de encorajá-lo a executar o seu voo solo. Se você não fizer isso, vai estar fadado a ter uma única loja por toda a vida. Ou a ser escravo do seu negócio. Se, ao contrário, encontrar alguém para, pelo menos, revezar com você, crie um ambiente construtivo para ele. Elogie quando merecido, pague bem e dê aqueles toques construtivos enquanto a pessoa ainda precisar de ajuda. O tema motivação vale um livro. Ele é tão importante que vamos detalhá-lo mais à frente no capítulo sobre a equipe.

Integração

Hora de crescer. Duas lojas. É quando tem início a tarefa mais difícil de ser bem-sucedida em qualquer negócio: ter uma equipe só, independentemente do tamanho do negócio. Integrá-la, o que significa fazer todo mundo trabalhar na mesma direção – para frente e para cima –, nunca de cima para baixo. A maior energia que você terá de gastar no seu negócio tem a ver com integração. Começa com o caixa tendo de se integrar com o vendedor. Se você crescer, integrar duas lojas passa a ser o problema. Loja com compras é outro. E, assim, de degrau em degrau. O maior problema de qualquer empresa é integração. Falta de integração, claro... O líder de fato precisa dedicar muito tempo à integração para que, no mínimo, os conflitos sejam trabalhados com base em confiança.

Renovação

Quando o seu negócio está estabelecido, é hora de sacudir o tapete, jogar a poeira fora e criar diferenciais que vão manter o negócio novo e revigorado. Normalmente, é nesse momento que você quer descansar, parar de se esforçar tanto quanto nas épocas duras de pura execução de tarefa. Conselho do universo: não relaxe. Troque de trabalho. De físico para mental, de braçal para emocional. Inspire criatividade. Polinize as boas ideias entre o seu pessoal. Dê exemplo de que errar é possível e necessário. Elogie os erros inovadores que não derem certo. Elogie mais quem corrigi--los rapidamente e ponha sempre no pedestal quem tenta sem parar. Lembre-se de que os melhores funcionários não são os que dizem o que não deveria ser feito. São os que arriscam seu emprego fazendo. Eles vão ajudá-lo a renovar seu negócio.

Ritmo – Estabeleça o seu

Equilíbrio é vital. Já que você escolheu varejo, trabalhe sempre. Não dá para parar. Mas escolha o que fazer. Negócios envelhecidos normalmente têm donos que enfocam tarefas. Negócios competentes têm donos que equilibram poucas tarefas muito benfeitas, muito acompanhamento, motivação e integração e doses homeopáticas de renovação. Se não conseguir tirar férias, viaje a trabalho, veja coisas novas. Mas divida bem o seu tempo.

Parece pouco, parece simples demais, mas é assim. Sempre que estou num programa de capacitação pago por algum patrocinador para o varejista e vejo cadeiras vazias penso neste capítulo. Caramba, já é difícil ter curso para varejistas, alguém se dispõe a organizar, convida o cara, paga café, biscoito, dá apostila, arranja uma cadeira confortável e o cara não vem? Qual o problema então? Ah, o cara é daqueles que já sabe tudo sobre tudo. É bom lembrar a frase do Ray Crock, fundador do McDonald's: "Quem acha que sabe tudo sobre alguma coisa amadureceu. Só que quem amadurece apodrece e cai rápido demais."

Se o cara não acha que sabe tudo, mas não consegue arranjar tempo para se treinar pelo menos um dia por mês, aí sim a situação está grave. Provavelmente, ele não tem equipe que possa assumir a loja nem por algumas horas. Grave demais. Pratique equilíbrio. Nem deserção nem escravidão.

4 O Dia a dia

5

Capítulo

Ciclo de Competên[cia]
um modelo com a cara do seu [negócio]

Revolução é...

Habemus modelo de construir competência em loja.

O Ciclo de Competência do Varejo foi feito para quem vive o negócio de varejo como a própria vida. Nascimento, vida e evolução permanente. Morte, se a gente não atuar fortemente na direção do sucesso.

Taylor, reengenharia, ERP, SIG, MIS, ISO, TQM, sopa de letras. A cada quinzena, uma nova tendência aparece nas revistas de negócios. Chega de adaptar modelos de gestão que só servem para a indústria. Chega de só pensar em processos quando o que conta é gente.

O Programa Gaúcho de Qualidade e Produtividade, uma das mais sérias redes de conhecimento que há no país, nos elegeu para ajudar a implementar Qualidade Total no varejo. E é disso que o livro fala. Uma ferramenta sem igual para auxiliá-lo a construir diferenciais permanentemente no seu negócio.

Quanto mais você compreender a lógica do nosso modelo de competência, o CCV – Ciclo de Competência do Varejo, mais forte você estará para que, no processo de rever o negócio, cada passo esteja bem resolvido na sua cabeça. Claro, até que chegue a próxima revolução.

Quem não sabe para onde vai não chega a lugar nenhum

Quem quiser que desminta: é muito importante para qualquer pessoa ter um referencial para seguir. É muito difícil andar num caminho se a gente não sabe aonde quer chegar. Quem quer crescer e se manter vivo em varejo tem de se profissionalizar. Se profissionalizar em varejo é adotar um modelo de competência que ajude a identificar os passos que têm de ser dados para que o foco da vida do varejista seja atingido: clientes para sempre e resultados idem.

Passamos a vida inteira trabalhando em varejo e mais de cinco anos pesquisando e consolidando conceitos e ferramentas práticas e de resultados comprovados que construíram nosso modelo de competência. Como se tratava de um modelo de competência para varejo, era necessário que se adaptasse com facilidade à vida do lojista, que ajudasse, e muito, no planejamento de curto e médio prazos (já que longo prazo no varejo só Deus consegue planejar) e possibilitasse a implementação de ferramentas com alto impacto nos resultados.

O varejo passo a passo

Foi assim que construímos o Ciclo de Competência do Varejo – o único modelo de gestão inteiramente focado na vida do varejista. Vida e morte. Nove passos para construir sucesso. Cada etapa é muito importante e o seu negócio pode estar em qualquer delas. O principal daqui para frente é analisar se o que você já fez está benfeito. Senão, desça o degrau e "reconceitue". Só assim, o alicerce da evolução da sua loja estará sólido.

Os cinco primeiros patamares são os que constituem os fundamentos do varejo. Têm de ser trabalhados enquanto o seu negócio é pequeno e ainda pode ser moldado para vir a ser um sucesso. Apenas organizações com esses patamares bem trabalhados e sistemicamente revistos têm futuro garantido.

Os três patamares seguintes foram feitos para quem está pensando em se expandir. Falam da saúde da empresa em médio prazo e de como você tem de se preparar se a sua decisão for crescer.

O último patamar vale para todo mundo. Afinal, quem entra em varejo e não quer manter seu negócio para sempre não deveria nem tem a cara do varejista que queremos que leia e aplique os conceitos presentes neste livro.

Norte único compartilhado

Negócios de varejo são feitos para durar muito. Uma loja só vai ser competente e durar muito se ela for boa para você, para seus funcionários, seus clientes, seus fornecedores e para a comunidade. Pela ordem. Isto requer deixar claro (escrito é melhor) para todos: no que você acredita, aonde você quer chegar, o que você quer ser para seus clientes, como você quer chegar e quanto você quer ganhar e quer que quem esteja do seu lado ganhe. Todos têm de saber e acreditar nisso.

Para entender o efeito desse degrau, basta recorrer aos exemplos dados no início do livro sobre as lojas procuradas por alguém que queria comprar um presente para um amigo. As primeiras tinham um norte único compartilhado maltrabalhado. A última, essa sim, era um primor. Imagine quem é o dono daquela loja. Imagine como ele trata aquela equipe. E tente ser igual a ele!

Equipe

O varejo é a última opção de emprego de muita gente. Trabalhar nos fins de semana não é a melhor alternativa da vida. Com o norte único compartilhado nota dez, a sua empresa merecerá funcionários nota dez. Pelo menos, para os que resolverem trabalhar em varejo. E vice-versa. Mas o fundamental é atrair e manter gente boa para construir uma equipe. Só uma. Atuando com o mesmo sonho e com os mesmos objetivos. Empresas com pessoas maravilhosas não integradas não produzem, não criam e não evoluem como poderiam.

Procure os melhores, mantenha os melhores, lidere os melhores. Eles vão dar tudo de si para que você tenha sucesso. Afinal, eles vão saber a cada instante que, se você tiver sucesso, eles também terão.

Produtos

A dinâmica de produtos pode construir o sucesso ou o fracasso do varejo. Ao contrário do que se pensava até anteontem, o varejo é a arte de se conseguir ter produtos diferenciados. Comprar e controlar estoques é apenas parte do processo. Muito importante, não dá para negar, mas não é o suficiente. Escolher fornecedores que tenham o mesmo grau de comprometimento que você quer ter com seus clientes já é um passo. Mas o que vai contar no final da história é ter produtos diferentes. Daqueles que quando o vendedor começa a contar sua história, o cliente quer levar. O preço deve atender à premissa de que os clientes queiram muito comprar. E, obviamente, que deixem uma margem de lucro do tamanho que planejamos para nossa loja.

Comunicação

Se as pessoas estão a postos, os produtos bem expostos, comunique a sua marca. Ponha a cara na rua. Seu ponto, a fachada, o letreiro, o uniforme do seu pessoal, o astral do seu pessoal, tudo tem de se destacar para o cliente. A comunicação da loja tem dois focos distintos que dirigem os investimentos de maneira clara: a comunicação da loja para dentro e a comunicação da loja para fora. A primeira é prioritária. A segunda vem depois. É vital que as fases anteriores do Ciclo de Competência do Varejo estejam muito bem sedimentadas para que, ao atrairmos os clientes, suas expectativas sejam atendidas. Muitas lojas investem para atrair gente que vai acabar atestando a incompetência dos seus negócios.

Experiência

De quem você compra mais? De quem insiste em vender ou de quem o atende melhor? A hora é agora! Você preparou tudo. Pensou em tudo e agora lá vem o cliente. Ele vai entrar na loja com a expectativa que construiu em seu pensamento. E cabe a você corresponder à expectativa dele. Na saída da loja, ele só terá três avaliações possíveis: o que ele encontrou foi justamente o que ele esperava, foi pior do que ele esperava ou foi melhor do que ele esperava. Adivinhe quando ele vai voltar? Só na última hipótese. Ela é sua única chance. Só empresas que causam experiências inesquecíveis para seus clientes se mantêm vivas no seu coração. E os clientes só guardam um pouco do dinheiro do bolso para quem vive no seu coração. Ou será que você é diferente disso?

Rentabilidade

Quem achava que resultado em varejo era algo fácil de se conseguir estava muito enganado. Ou, provavelmente, já nem está mais em varejo. Construir resultados é um trabalho que envolve todas as variáveis do varejo. Controlar resultados todo dia ajuda a melhorar sua rentabilidade. Mas só obterá lucro de fato a loja que tiver a competência de atrair e manter clientes que queiram pagar o que ela cobra e que tenha a consciência de que nada pode ser perdido ou desperdiçado – de papel a clientes, passando por mercadoria.

Acreditação de processos

A hora é de checar se o que você está fazendo está benfeito e pode ser realizado em outros lugares. A preparação para o crescimento vem já. Até o momento, você se preocupou em colocar o seu negócio de pé e em criar. Agora mudou: você passou a querer expandir sua atuação e pensa em conseguir aumentar o número de lojas com sua marca. Padronizar, só depois que o seu negócio deu certo por algum tempo. Não padronize tudo. Só o que deve ser repetido e que o faz economizar tempo deve ser padronizado. As outras atividades têm de ter espaço para inovação. Afinal, seu cliente quer coisas novas todo dia!

Expansão

Só agora você tem o direito de expandir. Mas vá com calma. Pense em como estão as suas vendas por metro quadrado. Pense em como está o seu lucro por metro quadrado. Se o resultado está no máximo que você acha viável, aumente os metros quadrados do seu negócio. Abra mais uma loja. Garanta que tudo esteja correndo conforme o previsto. Se estiver tudo bem, continue a expansão. Senão, volte aos patamares anteriores para rever o que não está tão bom.

Perenidade

Depois de crescer, resta a missão principal: continuar vivo. E ativo no mercado. É necessário se ter muita humildade para aprender a fazer de cada dia um novo desafio e também a coisa mais difícil para qualquer ser humano: admitir que algumas coisas que fizemos até hoje não funcionam mais. A sua empresa tem de se renovar a cada abertura da loja. Ou... fechamento.

Se você trabalha em varejo, pensa em trabalhar, ou lida com quem trabalha, reflita sobre esses passos. Eles são um guia muito importante do que deve ser feito em cada momento da sua vida como varejista. Ou no convívio com os profissionais da área.

Fundamentos do varejo competente

Os próximos capítulos falam de aspectos dos cinco primeiros passos do Ciclo de Competência do Varejo. Norte único compartilhado, equipe, produtos, comunicação e experiência determinam o sucesso do seu conceito em varejo. A rentabilidade abre a conversa só para criar premissas; vamos construir a rentabilidade, e não falar dela. Os passos acreditação de processos, expansão e perenidade são muito importantes, mas numa segunda fase, depois que os seus diferenciais estiverem implementados. Eles o ajudam a pensar se quer crescer ou não. E quanto. E quando.

Se você só quiser melhorar, fique com os cinco primeiros passos do Ciclo de Competência do Varejo. Seguindo-os com convicção, você estará construindo o maior patrimônio que um varejista pode almejar – sua marca. Marca em varejo é tempo de verbo, não substantivo. Marcar seus clientes positivamente em todas as atividades realizadas pela loja é a única maneira de garantir que você estará sedimentando a sua marca.

Capítulo 6

Rentabilidade · Con

Revolução é...

Se você perguntar a cem varejistas qual é o problema que eles têm hoje, a resposta, com certeza, vai ser rentabilidade. Falta de dinheiro, explicando melhor. Meio sem saber por que, é o que sai goela afora quando lhes perguntamos isso.

O problema do varejo nunca é rentabilidade. O problema é não executar bem os fundamentos do varejo. Rentabilidade só é consequência do trabalho que foi feito até então.

O que você tem de garantir é que cada pessoa da sua empresa saiba o que tem de fazer para ajudá-lo a construir o futuro do seu negócio. Só vai ter futuro o negócio que for rentável. Só vai ser rentável o negócio que liderar a construção do seu futuro.

Tanta luta para quê?

Resultado, como diz o Aurélio, é: consequência, efeito, fim. A rentabilidade do seu negócio é a soma dos resultados que você obtém a curto, médio e longo prazos. Rentabilidade é ter clientes para sempre e resultados idem. Resultados têm dois lados muito importantes: para ter resultado você tem de ganhar dinheiro e gastá-lo inteligentemente. Negócios competentes geram saldo positivo entre o que você ganha e o que você gasta.

O maior fator de sucesso em qualquer negócio é cada participante saber, claramente, em que pode ajudar a ganhar mais, vender mais e gastar menos. Caixas que entendem o seu papel de não deixar que uma venda cujo pagamento seja duvidoso se concretize constroem lucro. Vendedores que entendem que o cliente que quer trocar pode vir a se tornar seu melhor cliente constroem lucro. Donos que entendem que a sua presença no negócio exala exemplos positivos constroem lucros. A filosofia deveria ser CPDL – como posso dar lucro? Todos deveriam saber.

O ciclo de rentabilidade do seu negócio

Como se constrói rentabilidade em um negócio? Trabalhando muito com a ajuda de todos. Tudo o que todos fazem em uma empresa influencia o resultado. Não adianta chorar sobre resultados ruins, é preciso plantar para colher os frutos. Quando cada um faz a sua parte, os lucros vêm como consequência. Se todos na sua empresa gostam de trabalhar nela, todos vão atender melhor e fazer seus clientes felizes. Ninguém vai desperdiçar nada porque sabe que desperdiçando estará tirando a possibilidade de alguém ganhar dinheiro. O dono, afinal, coloca todo o dinheiro que tem no seu negócio, planeja que tudo dê certo e trabalha muito para isso.

Para que tudo dê certo num negócio, há que se ter quatro terços: o primeiro, para construí-lo ou comprá-lo; o segundo, para o capital de giro; o terceiro, como plano de contingência, caso alguma coisa saia errada; e o quarto, nessa fase de intensa busca pelas religiões, é para que todos nós rezemos, e muito. Sem muita reza, sem trabalhar, nada vai dar certo. Se as coisas andarem bem, depois de cada mês, o dinheiro investido volta. Pouco por mês, mas sempre. O difícil é que nem sempre é assim.

Examinando o seu negócio com as lentes certas

O cenário é realmente assustador. Empresas e mais empresas quebrando, até mesmo aquelas que há bem pouco tempo eram ícones de sucesso no varejo... Mas é preciso lembrar que fechar as portas é o fim de um processo. É o efeito de uma série de resultados ruins, consequência de uma administração que não conseguiu descobrir os verdadeiros problemas a tempo de resolvê-los. Como prevenir? Planejando e implementando. Como planejar? Fechando o ciclo: ter dados competentes e transformá-los em informações que permitam agir. Demonstrativo de resultados, balanço, fluxo de caixa, mas, principalmente, indicadores de desempenho.

Cada pessoa da empresa, em cada função, tem de ter uma minimeta a atingir. A faxineira, por exemplo, quanto de detergente vai usar por mês e quão limpa deve estar a área sob sua responsabilidade. Se cada um atingir seus indicadores, nem se preocupe com o resultado final. Ele virá! Mas há que se difundir essa cultura a todos! A parte mais importante do processo é definir o que fazer e depois ajudar cada um a cumprir sua parte. Implementação na prática é a única maneira de conseguir resultados consistentes. Essa é a fase mais importante do processo de estruturar controles e responsabilidades por lucro.

Como ganhar mais e gastar menos

Se você quiser otimizar a receita, siga os passos. Converse com sua equipe sobre que ações são importantes para garantir o passo a passo do que nos pode ajudar a ganhar mais dinheiro. Cada pessoa na empresa tem de estar com o CPDL em dia – "como posso dar lucro" é vital!

Temos de garantir que todos na empresa saibam o que fazer para que cada cliente que passe pelo negócio queira entrar. Que cada cliente que entre na empresa queira comprar. Que cada cliente que tenha comprado ou que vá comprar possa pagar. Que cada cliente que tenha comprado queira voltar e cada cliente que volte fale bem da gente para os amigos.

Se você quiser minimizar os custos, fale com a equipe sobre: oportunidades de melhoria de preços e prazos com fornecedores; identificar/avaliar o giro dos produtos, sejam os que não giram e não deveriam ser comprados, sejam os que giram muito rapidamente e não devem faltar; perdas de mercadorias, desde o recebimento, a manipulação até o roubo; inadimplência e prevenção de problemas de crédito; tudo o que você gasta para a empresa funcionar e desperdício.

Mas lembre-se: não é suficiente que você tenha tudo sob o seu controle. Todos na empresa têm de ajudá-lo – sofrer com as perdas e comemorar o lucro e as vendas. E achar que se você ganhar eles também vão ganhar.

O equilíbrio do sucesso

Não seja extremista: nem pare de gastar, tornando sua empresa anoréxica, nem se torne o campeão de investimento em clientes a qualquer custo, pois vai falir por falta de lucratividade.

Capítulo 7 Norte Único Compartilhado

Revolução é...

Por que os gansos voam tanto no inverno?

Sobrevivência e evolução. Como eles acham o caminho?

Norte único compartilhado!

Empresa tem alma. A alma da empresa é o combustível que a impele para o crescimento. Mais que isso, a alma da empresa tem de ser preservada para que o crescimento seja focado no sucesso duradouro. Sua empresa vive passando por transições. Novos momentos de mercado, novos concorrentes, novas crises: integrar as pessoas em torno de processos de competência é fundamental.

Ter o norte único compartilhado claro para todos é a única garantia de que os processos da empresa serão conduzidos pelas pessoas na direção do consenso.

O norte único compartilhado baseia-se nos valores, voa com a velocidade da visão, usa o veículo do posicionamento, queima o combustível da essência competitiva e leva às metas que queremos atingir.

Quer voar? Vamos, então. Arquitete a alma da sua empresa com o norte único. Metade do seu sucesso estará garantido.

Compartilhe com o seu pessoal. A outra metade virá logo, logo bater à sua porta.

Empresa míope – Só enxerga o cliente

Voltando ao presente do meu amigo. A última visita é realidade possível? Com muita,competência, sim. E convicção. Nosso livro fala com quem é o responsável por todas as situações pelas quais passei: o dono do negócio. O único responsável. É ele que nos faz sofrer. Ou é ele que nos dá prazer. E ajuda quem é responsável a conquistar cada vez mais clientes "recomendantes". O cliente agradece! Mas ele agradece mais, se o entendemos e conseguimos atendê-lo melhor que os nossos concorrentes. Claro que o conceito de concorrente é mais complicado do que parece, porque o cliente que vai comprar um presente para o amigo pode querer gastar esse dinheiro em lojas de camisas ou de canetas ou de sapatos ou numa livraria. Por isso, é bobagem só ficarmos olhando para nossos concorrentes para conseguirmos sucesso.

Temos de alterar nosso campo de visão. Ser uma empresa focada no cliente. O que é isso? A empresa míope pelo cliente tem uma maneira especial de ser e de pensar. E essa maneira especial a leva a definir cada iniciativa de acordo com a "vontade do freguês". Um dos principais traços dessas empresas é contar com donos diferenciados, que sabem balancear entre economia e burrice. Que sabem dosar o investimento em melhorias que vão destacá-los no campo de batalha. Eles são pessoalmente voltados para os consumidores e possuem um conjunto de habilidades especiais, entre elas o investimento na equipe e a capacidade de aprender continuamente.

O que faz uma empresa de varejo ser míope pelo cliente? Segundo a The Forum Corporation, uma das maiores empresas de treinamento do mundo, há duas situações:

1. Quando o fundador da companhia acredita muito na qualidade voltada para o cliente, a filosofia de se concentrar nos consumidores torna-se a base dos princípios operacionais da empresa.
2. As organizações adotam a estratégia voltada para o cliente tardiamente como reação a recessões econômicas ou a quedas de participação de mercado. Essa adoção tardia pode ser devida ao acirramento da concorrência ou à queda de satisfação do cliente. Nesse caso, com certeza, a sobrevivência está em jogo.

Organizações que não são voltadas para o cliente, mas que querem ser, precisam passar por uma revisão fundamental de suas crenças e valores, isto é, por uma transformação significativa na cultura organizacional.

Donos de negócios que adotaram os princípios do direcionamento para os clientes desde a fundação descrevem suas companhias como centradas tanto no cliente quanto no funcionário. O fator crítico do sucesso foi envolver cada funcionário na compreensão e na vivência das crenças e valores.

Todas as organizações que adotam a qualidade voltada para o cliente têm donos com algumas características comuns, aqueles que "vivem" a estratégia voltada para o cliente. O líder precisa se entusiasmar, comprometer-se e investir seu próprio tempo no direcionamento para o cliente. Andar por aí exalando entusiasmo.

Outro ponto importante é que os donos transmitam a filosofia a toda a organização. Eles, de fato, assumem isso como sua tarefa número um. Tornam-se sua representação viva e usam todas as formas de comunicação disponíveis para reforçá-la. Deixam em evidência que acreditam nessa filosofia, tanto com palavras quanto com ações. E dão exemplos. São exemplos.

A comunicação e o desenvolvimento da filosofia pró-cliente são um processo de duas mãos. Ouvir o que os clientes e funcionários têm a dizer é o segredo do processo de comunicação, mas nem sempre é fácil.

Mais uma característica: os donos de sucesso acreditam e investem na equipe. Eles envolvem o pessoal na definição da direção a ser tomada, nas decisões e na solução de problemas. Dão a profissionais de todos os níveis hierárquicos a oportunidade de participarem ativamente na definição dos processos, e com direito de falhar. Esses donos descobriram que a equipe quer de fato aprender e produzir mais.

Você pode inspirar a sua equipe para coisas que ela não se sente capaz de fazer, pois ela precisa ser envolvida não apenas no processo de solução de problemas, mas também no gerenciamento de sua unidade de trabalho.

Não é suficiente acreditar no pessoal, é preciso permitir que gerenciem e tomem decisões, proporcionando-lhes estrutura para tanto. Dar poder de decisão será um mero *slogan* se não lhes forem oferecidos os recursos de que precisam – dinheiro, ferramentas, tempo e treinamento – para tocar o trabalho.

Fornecer treinamento (externo e no trabalho) para ajudar todos os níveis e funções a entender e aperfeiçoar a qualidade voltada para o cliente é seu trabalho diário. O treinamento é mais eficaz quando a equipe é liderada por gerentes envolvidos no processo, porque a presença deles aumenta a credibilidade da estratégia que a empresa tem. O treinamento é um investimento, não uma despesa.

Donos que são "eternos estudantes" fazem outra diferença. Os donos devem encarar o aprendizado contínuo como uma de suas principais tarefas. E devem ser humildes para desaprender. Eles buscam o conhecimento em todas as fontes possíveis. Ficam sintonizados com as condições de mudança. E mudam. Donos que colocam o cliente em primeiro lugar admitem que seu pessoal interrompa a conversa para atender – sem pedir licença – o cliente. Ouvir a necessidade do cliente é o alicerce das decisões no mundo dos negócios.

Tudo isso é importante, mas conta muito o dono saber fazer a equipe trabalhar. O pessoal se sente devendo. A pressão que poderia vir do "chefe" se transforma em autopressão. Cada um querendo dar show de desempenho. Caramba, falamos de liderança antes de entrar no capítulo equipe. É isso mesmo? Norte único compartilhado e dono são a mesma coisa. Vale a pena reforçar. Sempre. A empresa é a cara do seu dono.

Aprendendo a nortear

Tenho certeza de que aprendi sobre a necessidade do norte único compartilhado por ter mudado tantas vezes de empresas e trabalhos. Quem muda, quando entra na empresa nova, fica completamente enlouquecido ao tentar achar modelos e posturas de referência em que se espelhar.

A grande maioria das empresas em que trabalhei não tinha nada claramente definido sobre o que fazer e quando! A grande maioria tinha um código implícito e, às vezes, explícito do que não fazer e quando. Empresas não crescem porque alguém lá de dentro diz o que não deve ser feito. Empresas crescem porque alguém lá dentro diz coisas até arriscadas sobre o que deve ser feito.

No varejo, isso se torna muito mais problemático. Quem constrói o varejo são as pessoas. Seres vivos com seus modelos mentais e modelos de comportamento. Se a empresa não tiver um guia de conduta claro, cada um vai atender o cliente como quiser. E isso não faz uma empresa de varejo.

Negócios de sucesso são campeões em norte único compartilhado. Às vezes, por instinto. Stanley Marcus, criador da Neiman Marcus, grande cadeia de lojas de departamentos dos Estados Unidos, dizia que o varejo é um lugar onde você vende produtos que não voltam para pessoas que voltam. Isso parece simples e sem muita profundidade, mas raras vezes vi uma definição tão apropriada. Pessoas só voltam a negócios muito estruturados. Com a competição enlouquecedora que está por aí, perder a fidelidade de um cliente é simples função de se deixar de fazer alguma coisa. Como garantir que vamos fazer tudo o que temos de fazer para que os clientes queiram voltar sempre?

Se formos definir, grosso modo, Michael Porter, em *Estratégia competitiva*, ensinou (se é que dá para falar de Porter grosso modo) que as perguntas a serem respondidas para se ter um negócio de sucesso são:

Por que o cliente compra o que você vende? Se houver uma abundância de alternativas para a resposta, significa que há gente demais que vai poder comprar os produtos que você quer vender.

Por que o cliente compra de você? Já é um pouco mais difícil de responder. O norte único compartilhado tenta criar essa resposta na sua cabeça e ajuda você a ter condições de repassá-la para toda a sua equipe. Só assim o cliente vai perceber.

A resposta também vem em três simples palavras. Com muita profundidade. Por isso vamos explicar: norte único compartilhado. O que é exatamente isso? Quem faz sabe. O norte é a direção do seu negócio. É definir para onde sua loja quer ir, como, com quem, quanto você e o seu pessoal querem ganhar. O norte tem de ser único. Nortes não únicos geram miopia de foco e a equipe fica sem saber o que é prioritário. E o cliente fica sem saber o que deve procurar na loja. Nortes confusos geram vitrines confusas, atendimentos confusos e clientes idem. Norte único compartilhado é a cultura da sua empresa.

A cultura da empresa se manifesta na loja no momento em que ninguém está lá para dar ordens ou controlar o que as pessoas estão fazendo? O que as pessoas da sua loja fazem quando o dono não está? Se o seu norte não for único, será igual ao de qualquer outro concorrente. Neste caso, o que você terá a seu favor para que tanto funcionários quanto clientes escolham você? O seu norte deve ser compartilhado porque não adianta nada você saber para onde seu negócio deve ir, e o seu pessoal não compartilhar o mesmo sonho. E sonho tem de ser bom para todos.

O passo a passo do norte único compartilhado

Valores são a alma da empresa, como ela age, como ela se relaciona. Ajudam a construir relacionamentos nota dez. **Visão** é o que ela quer ser no futuro, que sonho ela quer realizar. Ajuda a construir um futuro nota dez. **Posicionamento** é a cara da empresa para seus clientes. Ajuda a construir foco estratégico nota dez. **Essência competitiva** é a área em que a empresa deve atuar, concentrando os esforços no dia a dia. Ajuda a merecer clientes e resultado nota dez. E **metas** são os resultados que queremos alcançar. Se eu fizer os itens anteriores muito bem, minhas metas serão 100% atingidas. E os clientes ficarão comigo para sempre.

- **Valores**

O norte único compartilhado começa pela discussão dos valores que vão reger a conduta na empresa. Os valores do dono são determinantes nos valores da empresa.

Os valores de uma empresa são fáceis de ser percebidos, principalmente por quem convive com ela ou nela. Nem tão fácil assim de se explicar. Importante: só a empresa cujos valores derem conforto para quem nela trabalha vai merecer gente competente. Não dá para se criar, de repente, os valores de uma empresa. Eles são a sua alma e estão totalmente ligados ao modo como o dono atua. O dono, por sua vez, aprendeu os valores que pratica com seus pais, em casa. Não há outra forma. E não vai ser porque há nas prateleiras mil livros sobre o assunto que ele vai mudar sua forma de ser depois de maduro.

Meio que sem querer, as atitudes do dono e sua postura e exemplos definem o que as pessoas devem fazer no dia a dia. Donos grosseiros dão origem a negócios grosseiros e atendem os clientes consistentemente mal. Donos detalhistas têm negócios cuidados nos mínimos detalhes. E só donos generosos têm negócios em que a equipe trata os clientes generosamente.

Os valores da empresa são determinantes para que ela consiga ou não atrair pessoas competentes. As pessoas se incomodam quando os valores praticados onde elas trabalham não são coerentes com os valores em que elas acreditam. Se sua empresa tiver valores nota dez é maior a chance de ter gente nota dez. Se forem cinco... Dois?

A maneira mais simples de se perceber os valores de uma empresa é passear nas lojas. Se na loja onde você entra encontra gente com cara de quem está gostando de estar lá, tenha a certeza: os valores da empresa são bons. Se as pessoas não estiverem bem, alguma coisa está errada. Se uma pessoa está mal, pode ser que esteja com um problema em casa. Se todas estão mal, que o dono se cuide.

Os chineses têm um ditado milenar que diz que se você não sabe sorrir não deveria ter uma loja. Empresa com valores nobres e claros para todos têm a chance de gerar a reputação de ser boa empregadora e de conquistar e manter pessoas de qualidade. E, a reboque de um norte único compartilhado que atraia gente competente, vem a coisa pela qual as empresas estão pagando muito hoje: a reputação. É a reputação que contribui para que a empresa tenha o patrimônio mais importante que uma empresa pode ter: torcida a favor. Dos fornecedores, que vão correr atrás dela para serem seus parceiros, dos prestadores de serviços, da comunidade e dos clientes. Ninguém resiste a conviver com quem tem fama de competente e "gente boa".

- **Visão**

Valores geram conforto. Mas para que uma empresa caminhe firme na direção do futuro, só com muito desafio. Pessoas desafiadas produzem muito mais. Principalmente por um motivo: produzem porque querem.

Para fazer com que as pessoas andem com vontade na direção que queremos, aparece a necessidade de que a empresa mostre, para todos, aonde ela quer chegar num futuro definido. Daqui a um ano, daqui a cinco anos, qual é o sonho da empresa?

A partir daí, a maioria dos donos de negócios tendem a pensar em quanto querem ganhar. Isso é pensar em metas, mas o maior desafio de uma empresa não são as metas que ela quer atingir. A visão é o grande desafio. A visão é a aposta no que a empresa quer ser quando crescer, como quer estar no futuro. Gary Hammel, coautor de *Competindo pelo futuro*, disse que "o sonho que a visão representa é a única maneira de transformar a ansiedade sempre presente nas empresas em esperança". E esperança misturada com orgulho é o grande combustível que movimenta lojas competentes.

A única maneira de manter as pessoas que trabalham numa loja motivadas e com emoção focada em fazer cada vez melhor é a visão. Se você não tem uma visão do que uma empresa pode ser, quem se motivará a fazer mais por ela?

A diferença entre a empresa energizada ou não pela visão é simples. Escolha em qual empresa você preferiria trabalhar se estivesse procurando um emprego: uma barraca de frutas do centro da cidade ou a barraca de frutas que quer ser tão boa que todos na cidade queiram visitá-la? A diferença entre as duas é o sonho do Sebastião, o dono da segunda. Visão é isso. Põe o entusiasmo das pessoas para fora. Veja a composição da palavra, entusiasmo é: o sopro (asmo), de Deus (tus), dentro de si (en).

Alavanque a ambição do seu pessoal com uma visão forte e ambiciosa para o seu negócio. Nem pense que visão é apenas crescer. Melhorar, aliás, é quase sempre mais difícil e gera resultados mais consistentes. Uma boa visão tem um horizonte de cinco anos, que é o tempo que um funcionário consegue se projetar trabalhando na mesma empresa.

A visão é a energia propulsora da organização, por isso impulsiona a liderança. É a energia propulsora e define o escopo das ações. A visão é interna à empresa. Se comunicarmos a visão para nosso cliente, o nível de expectativa aumentará muito, e ele vai querer que cheguemos à visão hoje, gerando muita frustração. A visão não é meio, é fim. Claro que a visão tem de ser boa para todos, se não a causa não será igualmente defendida.

E uma empresa com visão forte tem pessoas que se alimentam de orgulho e emoção. Energia a toda prova.

- **Posicionamento**

Se a visão do seu negócio é forte, resta definir claramente o que você vai vender, para quem e com que agregado de valor. É a hora de começar a encarar os clientes de frente, o momento de definir o posicionamento do seu negócio. Mas não basta encarar o cliente de frente. A escolha do cliente vai fazê-lo ter de olhar mais detalhadamente para quem já os atende. Al Ries em *Foco, uma questão de vida ou morte para sua empresa*, já dizia que quem não tem a chance de ser o primeiro em alguma categoria de negócios tem de inventar alguma em que seja o primeiro.

A palavra posicionamento tem tido várias abordagens. No varejo, posicionamento nada mais é do que a maneira pela qual o cliente enxerga a sua loja, o que seu cliente acha que sua loja é, com tudo o que ela tem dentro. O sucesso de uma empresa está atrelado à definição de um posicionamento competente.

Os passos para a checagem de um posicionamento eficaz são: o cliente tem de perceber o que queremos ser, quem quer ser tudo para todos é nada para ninguém, um bom posicionamento faz com que muitos consumidores eventualmente nos rejeitem e o cliente tem de achar que somos os melhores naquilo que queremos ser.

É um pouco difícil transferir esses passos do papel para a loja, principalmente quando estamos iniciando um negócio e o caixa fala mais alto que todo o resto. Quando colocamos muitos produtos à venda, acabamos não sendo bons em quase nenhum. Mas e aquele medo de que a retirada de algum produto provoque a perda de vendas? Há que se ter coragem para parar de insistir em coisas que não tiram o cliente de casa para a nossa loja.

Recentemente, tivemos um exemplo de como isso pode reverter positivamente para o negócio. Uma loja de discos, cujos clientes tinham no máximo 25 anos, deixou de vender discos clássicos, mudando o sortimento de produtos e não oferecendo mais nada para maiores de 25. A venda dobrou. Perderam-se clientes? Claro, os clientes esporádicos se foram. Mas os clientes mesmo, aqueles que adoravam a loja, passaram a adorar mais.

Quem é bom em alguma coisa pode mas não deve disputar outros mercados. Quando o McDonald's tentou vender *pizza* nem o cliente acreditou. *Pizza* em loja de hambúrguer?

- **Essência Competitiva**

Chegou a hora de levarmos todos os conceitos para a prática, do contrário eles não chegam aos clientes. Basta de chorar por crises. Crise tem remédio. Estamos cansados de saber que, em chinês, crise vem ao lado de oportunidade. Chega de pensar e falar das coisas imutáveis. Temos de nos focar naquilo que podemos fazer para agir no que é mutável. Afinal, sempre há mercado e sempre há compradores.

O antídoto para a crise? É só entrar em qualquer livraria: todas as livrarias sabem que os livros que mais vendem hoje falam de excelência. Nós, lojistas, no entanto, nos deparamos com o dilema de que a excelência – o remédio proposto pelos grandes gurus para as grandes empresas – é inviável num ambiente de loja. Custa muito, não dá tempo de fazer e, para falar a verdade, acaba mesmo é nos frustrando. Perfeição não dá retorno.

Em varejo, menos é mais; só assim o que eu fizer vai ser benfeito. É muito difícil para o varejista fazer excelência. Vamos dar um jeito, tirar o "e" e "l" de excelência e ficar com a "excência". Essência é o remédio para a dor de cabeça de qualquer varejista. A essência competitiva tem cinco itens que podem ser contados nos dedos de uma mão.

Sabendo qual é a vocação da empresa, fica mais fácil definir onde focar as energias. Como decidir? O número de áreas de ação não pode passar de cinco. Empresas com mais de cinco focos, na verdade, não têm nenhum. Para se pensar em quais são os cinco pontos a serem estruturados, é importante pensar no porquê de os clientes escolherem a sua loja para visitar. E, principalmente, por que eles voltariam a comprar lá. Pense nisso, decida os focos e mantenha-se absolutamente fiel a eles. Só a consistência em realizar a essência competitiva vai levá-lo à vitória na guerra do mercado.

A Disney se foca em quatro itens: segurança, cortesia, show e eficácia. E funciona. Como funciona! Mais de cem mil funcionários dirigidos por um foco de quatro prioridades. Defina a sua também.

- **Metas**

Já trabalhamos bastante, agora temos de definir o quanto queremos ganhar. Quando você não sabe para onde quer ir, qualquer caminho é longe. Só atinge o sonho quem, além de definir a visão, quantifica os resultados a serem atingidos. Não só em relatórios de fim de mês, mas em índices que possam ser repassados para cada participante da empresa, do dono até o estoquista. Todos têm possibilidade e obrigação de ajudar a empresa a lucrar mais.

A definição dos objetivos da empresa deve ser sempre compartilhada. A equipe que participa da definição de objetivos se torna proprietária deles e luta muito mais. Se você tem medo de compartilhar as metas com a sua equipe, imagine compartilhar com ela o atendimento dos clientes. É melhor você mandar todos embora e fazer o atendimento sozinho.

Não custa repetir que os clientes são fãs de quem os atende melhor. E nunca de quem insiste em vender. Mas, invariavelmente, apenas fixamos metas quantitativas para nossa equipe. As metas devem avaliar resultados quantitativos sim, mas e a avaliação dos clientes aos nossos esforços de atendimento? Numa hipótese muito realista, o cliente pode comprar muitas coisas na nossa loja e sair completamente desanimado quanto ao atendimento. Olhando o número de vendas, nota dez. Olhando o ânimo do cliente a voltar a comprar, nota zero. Na próxima vez, ele nem vai cogitar comprar de nós. E nós nem pensamos em medir essa tendência. Para medir, é fácil, basta pegar o verso de qualquer cheque de qualquer cliente e ligar. Sinta a resposta, seja realista e se vierem respostas como "nenhum problema", pode começar a chorar. Seu negócio está ameaçado.

Jack Welch diz que as metas das quais cuida são: fluxo de caixa, satisfação do funcionário e satisfação do cliente. Só. Quais são as suas?

Em *Administrando para o futuro*, Petre Drucker, o guru da administração, afirma que a melhor maneira de prever o futuro é criá-lo. Repensar continuamente o norte único compartilhado da sua empresa é uma maneira genial de reconstruir o seu negócio continuamente. Ponha tudo isso no papel e contabilize o lucro.

- **Compartilhar**

Seus funcionários já sabem como são os valores da sua empresa. Provavelmente, também já sabem aonde você quer chegar e o que quer ganhar. Eles também acham que sabem o que têm de fazer no dia a dia. E provavelmente não sabem quanto você quer ganhar porque esse assunto é meio fechado e você não fica falando dele o tempo todo. A maior preocupação é saber se a opinião deles sobre a sua empresa e sobre aonde eles acham que ela vai chegar vale a pena.

O norte único compartilhado é uma grande ferramenta. Mas **nuc** sem compartilhar deixa você **nu**. A fase de discutir valores com o seu pessoal é vital. Você tem de conversar muito sobre tudo de que eles gostam no seu negócio e tudo que eles acham que pode ser melhorado. Nem todos os valores que a sua empresa tem são bons, mas dá para melhorar alguns sem muito esforço, basta conversar com as pessoas.

As coisas de que as pessoas não gostam podem ser muito fáceis de se resolver e causam desmotivação e perda de clientes como você nem pode imaginar. Um dos nossos clientes tinha um problema de definição pouco clara em relação ao valor real da comissão a ser paga ao seu pessoal.

Quando o assunto foi abordado e resolvido, as vendas aumentaram como que por mágica. Mágica? Bem-estar. Sentido de honestidade. Michelangelo dizia que, para esculpir a Pietá, bastava pegar a pedra e tirar dela tudo o que não fosse Pietá. O mesmo acontece com o bem-estar na empresa. Descubra tudo o que incomoda as pessoas e tente resolver. Só isso já vai ajudar, e muito. Do que elas gostam, provavelmente, é das caras dos valores bons que a sua empresa tem.

A visão da sua empresa tem a ver com a sua ambição. Ela é assim como a previsão do seu futuro aplicada ao seu negócio. Mas todos têm de conhecer o destino do seu caminho para poderem ajudá-lo a chegar lá. Um dos nossos clientes queria que a sua empresa fosse percebida pelos clientes como a melhor em entretenimento no Brasil. Perguntei ao dono do negócio se o seu pessoal sabia disso? Ao contarmos, o nível de satisfação com o atendimento dos clientes melhorou muito. Simples questão de dar propriedade a todos os conceitos e sonhos da empresa.

O posicionamento é uma questão muito técnica, que tem de ser estudada com cuidado. Mas também tem de ser absolutamente compartilhada com o seu pessoal. Na Folia, cadeia da falecida Mesbla, de roupa infantil para o dia a dia, não vendíamos roupa de festa, como o próprio *slogan* da empresa pregava. Mas enquanto não fomos absolutamente claros em dizer os porquês a todos e mostrar os benefícios de nos focarmos só no dia a dia, ninguém aceitava que clientes chegassem perguntando por um vestido de festa e não pudéssemos atendê-los. Depois de esclarecido o posicionamento da empresa, a maioria das unidades da rede fez parceria com lojas de roupas de festa para indicá-las. E elas nos indicavam, quando o tema era roupa do dia a dia.

Essência competitiva é coisa do cotidiano. Essa, então, tem de estar na cabeça e no coração da galera. No meu pet-shop, o pessoal sabe que, para que tudo dê certo, os pontos a serem trabalhados são: saúde dos animais, limpeza geral, organização, conhecimento de produtos e animais e informação pós-compra. Nessa sequência. Depois que estabelecemos a essência competitiva, as perdas de animais e a satisfação dos clientes, respectivamente, diminuíram e aumentaram muito.

E as metas? Todo mundo morre de medo de falar sobre o que acontece com as metas da empresa. Se você é um deles, divida a meta por função e deixe claro o que cada um tem de atingir e, mais que isso, o que cada um tem de fazer para chegar lá. Pregue autoacompanhamento e corra para o abraço no fim de cada período, se você tiver criado meios para que cada um possa acompanhar seu próprio resultado.

Discuta com o seu pessoal e construa com eles o passo a passo de como o seu sucesso vai chegar. E o sucesso chega.

Capítulo 8

Equipe · Gente competente

Revolução é...

Qual a pessoa mais importante em varejo? Gente. Mas exatamente quem? Não tem conversa, a pessoa mais importante em varejo é quem trabalha para você. Claro que o cliente é importante. Mas sem gente competente, a loja não existe. E se quisermos ter sucesso, temos de ter em cada loja uma equipe muito competente. E integrada. Como?

A resposta que vem à nossa mente é sempre dinheiro. Ledo engano. Dinheiro é uma parte importante do que uma pessoa espera. Mas eles querem mais. Querem desafio, querem aprender para futuros trabalhos, querem um ambiente fantástico, querem empresas com bom nome e chefes "gente boa" e que mereçam a sua admiração.

Se você tem tudo isso, pode baixar o salário para um valor muito fácil de ser pago: apenas o justo e complementar o que a pessoa precisa para viver com uma dose muito grande de felicidade.

Porque só funcionário feliz consegue fazer o cliente feliz.

Varejo, indústria de gente

A premissa mais séria que descobri quando saí de empresas de produção para empresas de varejo é que cliente é gente e funcionário também.

Em empresas industriais, a primeira parte era nebulosa para mim, mas a segunda era quase que uma inverdade. No varejo, descobri que quando o cliente gosta de tudo o que encontra na empresa, volta, mas, se ele não gosta de alguma coisa, não volta. Descoberta que fiz sem ter de pagar empresa de pesquisa. Estando perto do cliente.

A mesma coisa acontece com gente que trabalha para você. Se as pessoas gostam de tudo o que você faz, dez. Se elas, no entanto, não gostam de alguma coisa que você fez, haja explicação, pedidos de desculpas e esclarecimentos.

Se você não tiver a vocação para gente de que falamos, arranje um tubo de oxigênio porque essa parte do varejo cansa.

Nenhum negócio depende tanto de pessoas competentes e bem direcionadas quanto o varejo. Numa indústria, se uma equipe tem um líder nada motivador, que não os trata como deveria, o máximo que pode acontecer é a linha perder produtividade, ou uma quebra de máquina que vai pará-la por alguns minutos.

No varejo, se as pessoas não estiverem bem, acontece o que mais se teme: todos os clientes que forem à loja naquele dia estarão sendo mal atendidos. Grave? Isso significa que todo o esforço que você fez até então para ter uma loja no lugar certo, com a vitrine certa, o letreiro certo, tudo foi por água abaixo. Por outro lado, se a equipe da sua loja for "daquelas", integrada e mais competente que os seus concorrentes...

O segredo do sucesso no varejo é construir equipe. Por que equipe e não equipes? Porque negócios que dão certo têm em cada loja uma única equipe. Todos se integram a todos, independentemente do nível hierárquico e da função. Tudo pelo norte único compartilhado.

Merecer gente boa

Conseguir gente boa é muito difícil. Alguns dizem que é impossível. E, às vezes, parece que é mesmo. Mas quem dedicar parte do seu tempo a conseguir gente boa e a construir um ambiente onde as pessoas se sintam bem e queiram trabalhar tem dois corpos de vantagem.

Do que as pessoas gostam?

As pessoas ficam num trabalho por alguns motivos e dão tudo de si por outros. Os fatores que fazem alguém parar de procurar outro trabalho são: a remuneração, que tem de ser clara e justa, o ambiente da empresa e o que ele aprende. Todo mundo acha que as pessoas trabalham apenas pela remuneração e isso não é verdade.

Abraham Maslow em *Maslow no gerenciamento*, explicou que o salário é importante até que a pessoa o tenha. Depois disso, outros fatores influenciam o que vai fazer a pessoa querer ficar. Até aqui, basta que esteja satisfeita.

Ficar é pouco, todos queremos pessoas motivadas e que motivem os clientes. Então, vem a parte que só o dono pode fazer: inspirar seu pessoal, desafiar e reconhecer. Ajudar cada um a ser o melhor que possa ser. Nesse caso, só vale a regra se a pessoa estiver muito motivada. A empresa pode ajudar a pessoa a se satisfazer, mas a pessoa só vai estar motivada de fato, se o dono com quem ela estiver convivendo for uma pessoa especial.

Equipe forte é o diferencial mais difícil de ser imitado. Sendo exagerado, às vezes digo que até a loja com posicionamento fraco dá muito certo se tiver gente boa. Arrisco-me a dizer que até ponto ruim vinga se a equipe for muito competente.

Liderança

O sonho de todos os varejistas é construir uma equipe que trabalhe com competência sempre.

Qual é o alicerce para se conseguir a equipe dos nossos sonhos? Liderança genuína. De quem gosta de gente. De quem quando perguntado "como você é com pessoas?" não responde só "me viro bem". Liderança genuína é o fator mais importante para o sucesso de um negócio de varejo. Os maiores líderes genuínos não tiveram negócios nem títulos. Martin Luther King e Mahatma Gandhi defendiam ideias às quais as pessoas aderiam sem medir esforços. O norte único compartilhado das suas crenças era muito benfeito.

A qualidade do serviço de uma empresa depende totalmente do tipo de liderança que o dono do conceito exerce. Veja que eu não mencionei o dono do negócio. Eu disse o dono do conceito. O líder de fato constrói negócios a partir de conceitos que agregam o lado tangível do negócio, como a cara que a loja vai ter e que produtos vai vender, ao lado emocional que define que emoções vão ter os clientes que entrarem na loja e a equipe que trabalhar nela.

A Wal-Mart, superloja americana que já se instalou no Brasil e que fatura mais de cem bilhões de dólares, nasceu e se desenvolveu partindo de um esforço enorme do seu fundador e líder incansável Sam Walton. A Disneylândia só aconteceu porque um homem acreditava muito no conceito e mobilizou milhares de pessoas em torno dele. O McDonald's cresceu como cresceu pelo esforço inicial de um homem: Ray Crock.

Donos de negócios menores do que esses que citamos não têm seus nomes escritos nos jornais diariamente, mas decidem o jogo do mercado com a sua competência no dia a dia. Qualquer dono de negócio espera que todos na empresa façam um esforço na mesma direção: conquistar e manter clientes para sempre. E conseguir resultados idem. Nesse ponto, é que começa o dilema do dono de negócio pequeno: como consigo fazer o papel de líder com competência se o papel de dono me toma tanto tempo? O verdadeiro líder faz poucas coisas, mas faz todas muito bem. Porque gosta do que faz.

Ser líder é construir sonhos que todos na empresa compartilhem – todos os que trabalham na sua loja têm de ter a sensação de que trabalhar lá vai trazer um grande benefício a longo prazo. Funcionários de um pet-shop descobrem que estão se formando em uma nova profissão enquanto a loja cresce em vendas e reputação. Sonho para o dono, esperança para quem trabalha com ele. E fica claro que mostrar o caminho do negócio em que a equipe se meteu é fundamental para que ela decida se quer colocar sua vida ali ou não.

Ser líder é ser exemplo. Estar presente quando necessário, atuar para mostrar como você gostaria que as coisas fossem feitas, abaixar para pegar aquele pedaço odioso de papel que você não gostaria que estivesse ali. Já dizia um ex-funcionário que tive na Mesbla que a palavra motiva, mas o exemplo "arrasta".

Ser líder é inspirar, não tem nada a ver com comandar – a confusão entre inspirar e comandar é muito comum. A geração da ditadura conviveu com modelos de pais "mandões" e filhos "bonzinhos". O mundo era assim: mandava quem podia e obedecia quem tinha juízo. Acabou. O efeito de mandar fazia com que as pessoas fizessem o que tinham de fazer, sim. Mas de que valia fazer com raiva ou por não ter opção?

O melhor é entender como conseguir que o seu pessoal trabalhe com o coração e a cabeça, além de trabalhar com o braço. Escolha: entre ter a estima de seu pessoal, ser temido ou respeitado por ele, tente ser respeitado. Aja com integridade, fale verdades, compartilhe dificuldades, peça ajuda e reconheça competências com generosidade.

Ser líder é cumprir o ritual de liderança todos os dias. Mas o que é esse ritual? Tudo começa por uma atitude coerente com o discurso. Não tenha na sua equipe ninguém que não mereça trabalhar com você. Não tenha ninguém que não valorize o esforço que você faz por ele. O pior que pode acontecer com algum líder é ele dar tudo de si e alguém na equipe minar essa energia. O resultado é que os outros vão pagar pelo que não merecem. Só conviva com quem merece.

Desenvolva sua capacidade de ouvir. Qualquer pessoa tem de saber ouvir; líderes de verdade vivem disso. Respiram ouvir. Ou morrem. Ouça com o coração. Sinta os semblantes tristes. Converse. Claro, quando alguém tiver problemas, lide com a pessoa como se ela tivesse problemas. A realidade é parte da liderança e líderes de fato lidam com fatos e também com sentimentos.

Já ouvi muito por aí, mas não dá para conviver com frases do tipo: esqueça seus problemas em casa. Ninguém esquece... Quando perceber conflitos, divergências de opiniões, percepções ou posturas, não finja que não viu. Ouça a pessoa, converse, ajude-a a resolver seus conflitos. Se o causador do conflito tiver sido você, peça desculpas. Se não, converse com quem está discordando. Construa acordos, patrocine a cooperação. Se você não conseguir, o simples fato de ter ouvido já vai ajudar, e muito.

Formar e informar vão transformar pedras brutas em pedras preciosas. "Trate um homem como ele é e ele continuará a ser, trate-o como ele pode ser e ele será como ele pode ser", escreveu Goethe. A descoberta dos tesouros escondidos nas pessoas só vai ocorrer se, após dar todo o suporte necessário, você repassar autonomia para seu pessoal, levando-o a um desafio que os faça redefinir seu futuro.

Transforme as pessoas que trabalham com você em agentes de construção de situações melhores. Para eles primeiro. E para você. E utilize ferramentas para que todos possam saber que resultados são esperados e como cada pessoa da equipe está em relação a eles. Elogie sempre que puder e redirecione sempre que necessário.

Quando trabalhei na Mesbla, tive a grande chance da minha vida: tinha o sonho de ser líder inspirador de uma equipe de mais de dez mil pessoas. Quando fui nomeado para o cargo de diretor de vendas me disseram: "Você está frito!" Eu, que sou e sempre fui muito confiante nas oportunidades que encontrei pela vida, pensei: eu estou feito! Não deu outra. Dei-me de coração! O retorno foi magnífico. A energia que a liderança genuína gera é muito forte: torcida a favor. Nunca senti tanta energia positiva como na Mesbla nessa época. Se na Mesbla, uma empresa gigante, deu para virar o jogo, o que dizer do que dá para fazer no seu negócio. Nada é mais forte que uma equipe competente e integrada com uma causa forte a defender.

Doce ou agridoce

Todos vivem almejando ou pregam lideranças sempre doces e bacanas. Mas nem sempre isso é possível. E nem sempre isso é eficaz. Qualquer equipe se divide em: pessoas que dão resultados mesmo que a gente não esteja perto e aquelas que precisam que a gente fique dando toques a todo o momento.

O ideal é ter mais pessoas "autotudo": automotivadas, autocontroladas, autodidatas. Mas nem sempre é possível. O líder pode ter várias atitudes com o seu pessoal. O senso de justiça que lhe cabe o faz ter a nobreza de elogiar quem merece, ajudar quem precisa, dar um "trancozinho" em quem empacou e, eventualmente, não ter na equipe pessoas que não mereçam.

Catalisando os craques

Com pessoas que já sejam dez, cabe a ele catalisá-las para que elas possam melhorar mais ainda. É isso que elas querem. Catalisar é chegar perto e, depois de um elogio daqueles – caramba, como ficou bom isso que você fez! –, perguntar: você acha que poderia ter feito melhor? Ou mais barato? Ou mais durável?

Se você elogia os craques e os instiga a melhorar, está evitando que as pessoas se sintam desprestigiadas pela falta de reconhecimento e também evita que elas entrem na zona de conforto. O espírito "játôbem" acaba com carreiras promissoras. Pura falta de desafio.

Facilitando os bons

Quem é bom merece que o líder seja um facilitador das suas ações. Ao chegar perto de um bom, pergunte como vão as coisas, fale com ele sobre as formas de fazer o trabalho que ele pratica, pergunte se ele gostaria de ajudar alguém a aprender a fazer como ele faz. E elogie, porque ele merece.

Ajudando quem ainda não está bem

Quem ainda não é bom, ou não está bem, merece que o líder pense no problema que a pessoa está tendo. Se lhe falta aprender coisas que o farão melhorar seu desempenho, haja como professor, tentando ensiná-lo sobre assuntos que ele ainda não aprendeu. Quase sempre, os problemas de mau desempenho têm a ver com o fato de a pessoa não ter aprendido a fazer o que tem de fazer, e a grande maioria dos problemas de aprendizado não têm muito a ver com o aprendiz, e, sim, com a metodologia e com quem está ensinando. Então, antes de qualquer atitude precipitada, ensine. Se precisar, duas vezes.

Transformando conflitos em cooperação

Se por acaso a pessoa já sabe o que fazer e até já fez bem, mas deixou de fazer, o problema é outro. Provavelmente, ela está com algum conflito. Conflito é divergência – de opinião, de percepção, de atitude, de sentimentos... divergência. Se fosse uma divergência consigo mesmo, o cara estaria aflito, conflito é a dois.

Os conflitos se manifestam de duas maneiras. Ou a pessoa, de cara, diz que tem um problema (conflito ativo) ou vai murchando e perdendo energia, mas não consegue falar o que está pensando (conflito passivo). Qual deles é mais frequente na empresa? O passivo, claro. A grande maioria da equipe tem medo de dizer que há uma discordância.

Cabe a você perceber como as pessoas estão e facilitar as soluções. Ande perto delas, abra o coração para perceber como elas estão. Conflito só se resolve se as pessoas confiam umas nas outras. Pessoas que não se confiam e estão em conflito "se lixam" para resolver o problema. Quem perde é o clima da empresa. Quem perde é a empresa. Então vamos tentar resolver.

A pessoa pode estar em conflito por algum problema familiar, com colegas ou chefes. Em qualquer caso, você vai poder ajudar. Se o problema é com a família, ouça a pessoa. Só ouvir já ajuda muito a aliviar a dor. Nem sempre você vai poder resolver o problema. Se ela estiver precisando de um tempo, auxilie-a apenas dando um tempo. Se você puder ajudar de fato, ótimo, desde que a ajuda possa se estender a todos que venham a ter problemas parecidos. O problema acaba passando de alguma maneira. Duro é que a gente não consegue ser Deus e resolver todos os problemas que a equipe venha a ter. Mas prestar atenção e ouvir já é muito.

Quando o conflito é com colegas ou com você, a solução é a flexibilidade. Vale a regra de resolver as **i-r-a-s**. **i**dentificar o estado do outro, **r**econhecer o que você fez para que o outro entrasse em conflito, **a**ceitar que o que você fez afetou o estado de espírito do outro e **s**olucionar, na hora certa, e da melhor maneira possível. Nem sempre no calor de uma briga (que é o extremo do conflito mal resolvido) se resolve a questão. Dar um tempo pode ser muito inteligente. O que não pode acontecer é o conflito ficar mal resolvido ou escondido durante muito tempo. O efeito é péssimo para quem engoliu o sapo e não digeriu.

Conflitos bem trabalhados transformam-se em melhor entendimento entre as pessoas, transformam-se em cooperação. A empresa de varejo evolui, se os conflitos no dia a dia se transformam em cooperação. O progresso só acontece quando há conflitos que são resolvidos.

- **Dando uma "força" a quem está com problemas**

Quem já aprendeu mas ainda não se tocou das coisas que tem de fazer precisa de chefe. Meio bravo mesmo. Até dando bronca. Em particular, claro. Mas se você não tiver uma atitude dura com quem não está bem, as outras pessoas da equipe vão se sentir injustiçadas.

- **O divórcio empresarial**

E, para quem realmente não é bom, já dizia a minha mãe, a porta da rua é a serventia da casa. Tenha atitudes coerentes com o comprometimento e a competência de quem trabalha com você. Isso contribui para que você seja visto como um líder ativo. E o que é mais importante, justo.

Você já treinou, já procurou ajudar a resolver conflitos, já elogiou quando merecido, até já deu bronca e nada! Só resta então perceber se a pessoa merece trabalhar na empresa que você está construindo ou tentando construir.

Se a resposta for não, a pessoa tem de ser demitida. Na verdade, ela já se demitiu, mas eventualmente não teve coragem de assumir. Assuma você. Na hora dói, é triste, mas o saldo é positivo. Para todos os que estavam envolvidos com ela. E para ela.

Atrair e manter a equipe nota dez

Mãos à obra. Próximo passo? O dilema do varejo é: como conseguir atrair e manter pessoas que consigam fazer a diferença em atendimento? Vamos começar por atrair pessoas competentes.

Sempre que pensamos no problema que é encontrar gente competente para trabalhar na nossa loja, achamos que é uma verdade apenas brasileira. Engano. O Programa de Pesquisa em Varejo da J.C. Penney, loja de departamentos americana registra a seguinte constatação no tópico 'Varejo como Carreira': o varejo tem sido uma das indústrias menos atrativas para os recém-formados. Muitos fatores incontroláveis existem para essa atitude negativa em relação ao varejo, mas muitos estão sob controle da indústria. Descobrir a solução para esses e outros problemas ajudará os varejistas a atrair os melhores alunos que, mais tarde, se tornarão líderes nesse mercado.

Os problemas do mercado nós não vamos conseguir resolver, mas temos de pensar em como podemos ser a melhor opção para quem quer trabalhar em varejo. Já é um caminho.

Contrate atitudes, treine habilidades

A revista americana *Fast Company* publicou anos atrás o artigo "Hire Attitude, Train Skills" [contrate atitudes, treine habilidades] que trata do que os líderes mais competentes fazem para atrair as melhores pessoas. Vimos praticando desde então e, pasmem, dá certo!

Os quatro hábitos de quem consegue atrair gente muito competente descritos no artigo começam falando de: merecer ter gente boa na sua loja – o que faz com que as pessoas entrem e permaneçam nas empresas onde trabalham é um misto de salário justo para cada nível de competência, possibilidade de aprender coisas novas e um ambiente em que elas se sintam bem.

Tenha uma política salarial clara, só prometa o que pode cumprir, programe momentos de novos treinamentos e dê exemplo de como construir um ambiente. O seu pessoal se sentirá tão melhor quanto mais importância se der ao fator gente no seu dia a dia. Lojas que atraem gente competente têm gente feliz trabalhando nelas.

O papel de qualquer líder deve começar por: merecer ter uma equipe campeã. Reformulei o que li na Fast Company quando pude não ter de obedecer à risca os planos e as matrizes salariais das empresas grandes de que vale a pena pagar mais para quem é muito bom. Se você tiver gente boa, de fato, pague bem. Pague melhor que os seus concorrentes. Invista nas pessoas como se você estivesse investindo no ponto. Afinal, o retorno de investimento é proporcional ao que você for investir.

Muitas pessoas medem o valor do que pagam comparando com vendas e construindo um círculo vicioso. Se o número está ruim, reduzem o valor. Quase que automaticamente a venda também cai. Experimente o contrário. Comece a procurar gente maravilhosa. Contrate, confirme que elas são maravilhosas. Então, pague maravilhosamente. O efeito é inesperado. Só não tente conseguir uma equipe maravilhosa apenas pagando bem. Não vai ser isso que vai fazer as pessoas ficarem. Quem estiver interessado apenas em dinheiro virá. Mas se o ambiente não for proporcionalmente atraente, seu dinheiro vai apenas servir para que as pessoas façam um pé-de-meia e se vão.

O segundo tópico fala que só encontra alguém quem sabe quem está procurando. Ter claramente definido quem queremos contratar é chave. Lembre-se de que são três os pontos a serem definidos: o que a pessoa vai fazer, o que ela deve saber e como ela deve ser. O que ela vai fazer é fácil definir. O que ela deve saber também não é difícil. Basta pensar em quem já faz isso na empresa e o faz bem. Agora, o fator-chave é como essa pessoa deve ser. O que a pessoa sabe muda. O que ela é, dificilmente. E você só pode contratar gente que tenha o espírito que você espera para o seu negócio.

Como disse o diretor de desenvolvimento da Nordstrom, a melhor cadeia de loja de departamentos americana em atendimento, quem treina nosso pessoal no que eles devem ser são os pais deles em casa. A gente só contrata.

O terceiro tópico sugere que você invista tempo procurando quem você quer. Visitando uma loja da Mesbla em Belém, o proprietário da cadeia de lojas, o saudoso Henrique de Botton, indignado com o tamanho da fila em um caixa enquanto o outro estava fechado, perguntou por que um caixa não estava operando se havia tanta fila no outro. O incauto gerente respondeu que não tinha sido possível encontrar uma pessoa para o cargo. Ele, então, respondeu com uma pergunta e a sagacidade que lhe era peculiar: "Quantos habitantes tem Belém?" Logo após ouvir a resposta do gerente ele disse: "Duvido que entre um milhão de habitantes você não consiga encontrar um competente para o caixa!" Não há desculpas!

Uma nova vaga é sempre um novo investimento. Procure muito. Selecione entre muitos candidatos. E contrate apenas quando tiver a certeza de ter o melhor. Ao contrário do que pensamos, quase sempre o mau funcionário custa mais caro que o bom. E em qualquer nível social há pessoas boas, médias e não tão boas. Escolha, entre muitas, só as boas. E, de preferência, não faça a besteira de começar a procurar só depois de ter a vaga. Vai dar errado. Crie um banco de talentos de feras que possam vir a trabalhar com você. Mantenha-se em contato. E quando precisar, ligue.

A maior verdade vem no último passo: a melhor maneira de conhecer a pessoa é vê-la trabalhando. Testes psicológicos e dinâmicas de grupo ajudam muito. Mas nada substitui o convívio quando estamos avaliando nosso pessoal. Por isso, as promoções internas na empresa são as mais recomendadas. Cuide para só promover pessoas que tiverem excelente desempenho e, além disso, potencial para o novo cargo, lógico. Caso contrário, você repetirá a máxima de perder um ótimo atendente e ganhar um péssimo gerente.

Fácil? De novo, varejo não é fácil. Exige dedicação. A coisa que mais fazemos é preencher vagas tão somente porque elas estavam por ser preenchidas. Triste decisão. Principalmente, quando se sabe que o nível de satisfação de nossos clientes está diretamente relacionado com a competência e felicidade de nossa equipe.

Feita a primeira parte, que é atrair gente nota dez, temos de falar de como manter gente nota dez com o mesmo grau de motivação.

Mantendo a equipe

Só empresas onde as pessoas tenham prazer em fazer o que tem de ser feito vão passar por este século – vivas e saudáveis. Motivação é prazer em fazer. Se alguém tem prazer no que faz, com certeza, o fará benfeito. Conseguir atrair gente competente é um grande passo para o sucesso do seu negócio, porém, todos sabemos que manter gente motivada é a diferença entre o sucesso ou fracasso do negócio. Quando pensamos em motivação, o mais difícil é admitir que ninguém consegue motivar alguém. A consciência disso nos dá uma sensação de impotência. O máximo que conseguimos tendo uma atitude construtiva em relação às pessoas é criar pontos de apoio para que elas se motivem.

O maior dilema de quem possui ou gerencia um negócio de varejo é que o nível de satisfação do cliente nunca é maior que o da equipe. Funcionários em guerra contra o patrão vão deixar o cliente tão insatisfeito quanto eles estão. Pessoas indiferentes ao local onde trabalham deixam clientes no máximo indiferentes. Pessoas confiantes no trabalho que fazem podem deixar os clientes confiantes no produto e serviço que compram. Mas só quem está entusiasmado com o que faz pode deixar clientes entusiasmados. Produtos nós compramos. Serviços têm de ser produzidos na nossa loja. E entusiasmo é a maior matéria-prima na construção de serviço. Com certeza, é o que realiza o milagre da fidelização de clientes. A máxima da Disney é que funcionários motivados + clientes satisfeitos = lucro. E disso, eles entendem.

Se pensarmos direitinho, como a gente pode ajudar uma loja a ser competente? Basta pensar nos vendedores de uma loja. Quantos vendedores bons uma loja boa deveria ter? Essa questão tem sido formulada a vários varejistas em programas de capacitação que tenho tido a oportunidade de realizar no projeto Escola Losango de Varejo. As respostas, invariavelmente, apontam um número de oito a dez. Claro, é a lógica.

O fato é que a grande maioria das lojas não têm mais que dois ou três vendedores bons para cada dez. Na maior parte delas, é preciso sortear algum que pareça menos ruim. Parecido com fila de táxi. O quinto da fila é uma Mercedes; o quarto, uma BMW; o terceiro um Passat velho; o segundo, um Fiat 147; o primeiro, um Fusca bem velhinho. E você tem de pegar o Fusca. O tal do vendedor "da vez" quase sempre não é uma Mercedes.

O vendedor que faz sucesso desafia todos os preconceitos de donos de negócio e mesmo de tecnólogos de marketing sobre database marketing.

Ele conhece os clientes pelo nome. Sabe com certeza tudo o que ele comprou na última vez que visitou a loja. Sabe o que ele gostaria de ter comprado e influencia definitivamente o dono do negócio para as necessidades que seus "protegidos" têm.

O "vendedor sucesso" fala do produto com muita emoção, além de dar aula sobre técnicas que envolvem os produtos que vende. Vendedores de lojas de discos desfilam histórias sobre Miles Davis quando alguém quer *jazz*. Os de moda sabem a última de Paris. Mas todos contam histórias que o cliente adora ouvir sobre o que vieram comprar. E este é o maior truque do "vendedor sucesso". O cliente compra. Ele não tem de forçar venda nenhuma. Aliás, o cliente não só compra, mas assim que sai da loja fica com uma vontade compulsiva de contar o que acontece com ele toda vez que ele encontra o "vendedor sucesso".

Esse tipo de vendedor não desmente os donos só nisso. Ele é tão bom que, quando o cliente pensa em comprar alguma coisa novamente, ele volta diretamente à loja ou ao vendedor, sem nem sequer procurar um concorrente. Ele até pergunta como o vendedor avalia o preço que está sendo praticado na loja, mas, ao contrário do que se pensa, nem vai verificar. O "vendedor sucesso" conquista a coisa mais importante que um relacionamento duradouro pode gerar: confiança e credibilidade. Ele transforma clientes em fãs. E fã é apaixonado, paga o que é preciso para poder dispor de um serviço de tal nível. Como diz Philip Kotler no seu livro *Marketing para o século XXI,* marketing não é vender produtos, marketing é cultivar clientes lucrativos. E o "vendedor sucesso" só faz isso na vida.

Conheço um grande funcionário, o Paulo, que trocou de emprego meses atrás. Saiu do último lugar onde trabalhava porque lá o ambiente era muito injusto. "O gerente protegia certa pessoa do grupo", afirmava. Na época, cheio de gás, ele me contou sobre o novo desafio: trabalhar em uma loja que estava sendo inaugurada no Rio. Como o Paulo, há muitos por aí. Entram em um novo trabalho com alto nível de motivação. Querem provar para si mesmos e para quem gosta deles que são competentes, querem provar para seus ex-patrões que erraram ao perdê-los, enfim, têm motivos para ação que não acaba mais.

De cara, deu para perceber que a escolha do Paulo foi benfeita, logo ele se sentiu parte do time. Na primeira semana, aprendeu tudo o que tinha de fazer na sua nova função. Ele não tinha conhecido nenhum gerente tão claro no que esperava do seu trabalho. Durante as primeiras semanas, o gerente sempre acompanhava os atendimentos que o Paulo fazia. Ao final de cada atendimento, aquele toque! Ou um elogio ou uma nova dica de como atuar em alguma situação. Depois, a frequência de acompanhamento diminuiu, o gerente cada vez mais o encorajava e Paulo atendia cada vez melhor, se destacando em alguns meses como o atendente mais elogiado da nova loja.

Em dias de problema, um papo com o gerente o ajudava a colocar a cabeça no lugar. Fechando os ciclos, uma vez a cada três meses, o gerente senta para bater um papo com o Paulo sobre o que aconteceu no período, para programar as atividades de treinamento dos próximos três meses e, para juntos, apostarem nos resultados a serem atingidos no trimestre seguinte. Falam sobre a remuneração do Paulo: dentro do esperado, alguns meses até um pouco maior, em outros até um pouco menor. E a equipe é nota dez! Todos se ajudam. Vi o Paulo mês passado, olho brilhando, sorriso aberto, felicidade pelos poros. Recebeu uma proposta de novo emprego. Não vai sair. Disse-me que está mais motivado que nunca. Viram como é fácil? É só não atrapalhar.

Treinamento e acompanhamento

Claro que estamos falando de coisas um pouco mais elaboradas. Treinar e acompanhar o seu pessoal demanda um pouco mais de esforço. Aos poucos, os proprietários de lojas vão se convencendo de que o componente gente é o mais importante de um negócio de varejo. O componente equipe, com sangue correndo nas veias e vibrando pelo negócio, vem, de longa data, diferenciando os empreendimentos de sucesso daqueles que têm de lutar para não morrer à míngua por falta de diferencial.

Negócios como Wal-Mart e Carrefour geram margens líquidas de lucro de 3% e 2%, respectivamente, enquanto o Home Depot gera 6%. A diferença entre eles? Nos dois primeiros, gente trabalha como força de trabalho.

No último, gente trabalha como fonte de atendimento e relacionamento com o cliente.

Gente dá lucro? Com acompanhamento, sim. A forma mais eficaz de se treinar as pessoas na empresa é o acompanhamento. Antes de pensar em ganhar dinheiro com treinamento formal de sala de aula, faça treinamento no local de trabalho. Se você acompanhar o seu pessoal, vai garantir muitas coisas boas no dia a dia. Claro que, para acompanhar com eficácia, vale tudo, menos adotar a postura professoral de chefe. Líder é a palavra. Mentor é a versão que está na moda nos Estados Unidos. Lá, todos têm de ter um mentor. O mentor ideal é o líder. Se o líder não puder ser o mentor, não vai passar de chefe, e é melhor nomear alguém para ajudar a formar quem precisa.

Não há receita de bolo para o acompanhamento, mas quatro cuidados podem fazer com que esta atividade seja muito prazerosa e proporcione o crescimento de quem está envolvido no processo.

- **Regra número 1** – Não interfira no momento em que a pessoa está com a energia e o entusiasmo focados no trabalho. Não dê bronca no seu pessoal na frente do cliente! Espere o fim do expediente para trocar ideias.

- **Regra número 2** – Elogie a pessoa que você está acompanhando sempre que ela merecer. O elogio é o maior combustível para a competência. Se a pessoa receber mal o elogio e passar a não se esforçar, o problema não é do seu elogio, é da pessoa. Aproveite para perguntar quem poderia aprender com o que a pessoa sabe. Se ela tiver a consciência de que pode repassar a sua competência, você estará às vésperas de ter um novo líder na equipe.

- **Regra número 3** – Em vez de apontar os pontos fracos, trabalhe com a pessoa para que ela perceba e reconheça os aspectos em que deve melhorar. Pergunte e facilite as respostas. Por exemplo: como você avalia o que você acabou de fazer (pode ser uma venda)?, como você poderia melhorar?, quem você acha que faz bem o trabalho?, com quem você poderia aprender?

- **Regra número 4** – Escreva o que você concluiu. Você pode criar um formulário bem caprichado, com duas vias (uma para você e outra para o seu funcionário) e entregar para ele depois do acompanhamento. Ou pegar um pedaço de papel de embrulhar pão. Mas escreva. Elogios vão ser mostrados para a família na mesma noite. E pontos a desenvolver vão ser trabalhados até que se mereça o elogio.

Teste e você vai ter o prazer de sentir a força de estar perto do seu pessoal.

Ah, última regra, cada vez que você for fazer um acompanhamento, pergunte à equipe quais são os pontos que você pode e deve desenvolver para ser um líder melhor. Você nem imagina que efeito isso vai ter sobre a sua liderança. De repente, até pode aparecer elogio. Teste também.

A mulher no varejo

Uma coisa muito importante tem acontecido nos últimos tempos no mundo, mas principalmente em varejo: a presença da mulher. Lendo o *Relatório Popcorn* de Faith Popcorn, livro que trata das tendências do comportamento humano, aprendi a palavra "femininamente". Femininamente. Mente feminina. Ninguém mais quer ser tratado como um ser inferior por seres com posturas machistas. Mulher sempre foi o assunto do dia em rodas de homens, mas nunca isso foi levado tão a sério como nos últimos anos.

Muito se tem falado sobre a importância do papel da mulher no novo contexto do poder aquisitivo da família dos anos 1990. Tom Peters em *Reinventando o trabalho,* diz que a mulher é um fator decisivo nos processos de compra. Isso até a gente sabe. O homem ganha força porque a sua mulher agora o ajuda não só nas tarefas da casa, mas a arcar com os compromissos financeiros de se viver a dois, três ou de que tamanho seja a família. Não dá para desconsiderar esse fato em qualquer revisão de negócios para os próximos anos. As mulheres vão ser o grande fator de sucesso como clientes.

Além disso, minha vivência e convivência no varejo têm me mostrado uma faceta sobre a qual nunca li, mas que é inegável: as mulheres são muito competentes para trabalhar no varejo. Não vou querer ser apedrejado em praça pública pelos homens que venham a se irritar com a próxima frase que vou escrever, mas as mulheres competentes que conheci no varejo são muito mais competentes que a grande maioria dos homens competentes.

A prova dos nove: se você ainda duvida do que estou falando, siga o raciocínio:

- **Detalhes** – O ditado americano de que "*retail is detail*" (varejo é detalhe) é o primeiro argumento a favor da mulher. A capacidade que elas têm de perceber, cuidar e se importar com os detalhes é inquestionável. Se nos irritamos quando elas exigem que dobremos a roupa suja ao chegarmos em casa, numa loja essa regra é fundamental para o sucesso.

- **Sensibilidade** – As mulheres têm comprovadamente o sexto sentido que nós não temos. Percebem sentimentos antes que eles se manifestem. E agem para alinhá-los com o que esperam de quem está sendo analisado.

- **Resistência à frustração** – A rotina do varejo nos submete a frustrações para as quais nem sempre temos estrutura. Elas têm.

- **Capacidade de ouvir genuinamente** – As mulheres competentes fazem isso com uma força que alavanca a liderança.

- **Força de trabalho** – Nem todas as mulheres têm. Mas as que têm resistem dias a fio sem parar de trabalhar. Reclamar em casa elas até podem, mas trabalham muito.

- **Prazer em ensinar o que sabem** – Não é à toa que a maioria das professoras da nossa vida são mulheres. A vocação de mãe ajuda muito nisso.

- **Humildade** – Pela própria situação do mercado de trabalho que, de maneira míope, privilegia os homens, a mulher se coloca sempre numa posição de se esforçar mais e de ter de aprender muito.

- **Competência em transformar rotina em festa** – A criatividade da mulher a faz quebrar a monotonia da loja todo dia. Um novo mural, a nova vitrine, um novo desafio para a equipe, tudo é motivo para causar alegria.

- **Se você ainda não acredita nisso** – Duas alternativas: olhe em volta ou teste o conceito. Se você escolheu a primeira, faça uma miniestatística. Vá aos lugares de sucesso em atendimento e relacionamento e sinta o efeito mulher no ar. Para a segunda, vá ao mercado e busque uma mulher com varejo na veia para trabalhar em uma posição importante e meça o resultado.

Eu me rendi. Aprendi a agradecer a Deus por tê-las criado. E não precisa ser mulher para dar certo. Basta agir como elas. E não ser chefe do século passado.

Integração

Tudo pronto? Pessoas a postos? Calma, ainda não acabou. Agora vem o que mais importa na empresa: juntar o norte único compartilhado com gente para criar a causa pela qual as pessoas vão dar o melhor de si.

Lidar com gente parece ter sido a grande descoberta que o século XX não viu se tornar lugar-comum. Não é para qualquer um mesmo.

Pode parecer estranho, mas o maior problema em se tratando de gente é a compulsão que as pessoas têm por fofoca. Não dá para contar a quantidade de vezes que pessoas em uma empresa param tudo o que estão fazendo para falar de alguém. Se o tempo gasto nisso for contabilizado, facilmente se constará que ele é maior do que o que é investido para se descobrir coisas novas, entender o que o cliente realmente precisa ou resolver problemas.

Falar de alguém é a tarefa mais frequentemente realizada em qualquer local de trabalho! Sem que seja necessário nenhum impulso motivador. É nato. É parte ativa do cérebro e do coração humano. Por trás, tudo se diz. Mas na hora de se falar diretamente para alguém o que se pensa dele, aí fica muito difícil. Jogos de fidelidade maligna perambulam entre grupos que se conectam com a finalidade precípua de falar de alguém. De chefe, todo dia, toda hora. De colegas, é para já. De clientes mais exigentes então...

Como, então, reverter ou, pelo menos, minimizar esse quadro tão marcante em qualquer cultura? Afinal, fofoca é uma forma de comunicação muito mais antiga que a Internet. Como colocar em prática a regra mais forte de integração? Não fale *de*, fale *para* alguém. Se só isso acontecer na empresa, muita energia vai ser economizada. Fácil? Não. Difícil. Mas perfeitamente possível: guerra branca. Guerra simulada, mas com cara de real, daquelas que fariam a IBM não ter se acomodado quando era líder inconteste no mercado de computadores. E não teria deixado a IBM se acomodar com a liderança supostamente imutável.

A guerra branca é um composto de ações que o líder competente põe em prática no dia a dia. Vamos a elas:

- **O efeito desafio** – O líder competente sabe que se algumas coisas supostamente inatingíveis forem propostas para o grupo, mais e mais as pessoas vão se focar no seu papel em superar o desafio. Sorte do líder que decide lutar a favor da integração quando algum problema que afeta a sobrevivência da empresa já está no ar. Caixa baixo, participação de mercado voando pela janela e concorrente à vista são guerras brancas que ninguém precisa criar. É só perceber. O líder competente, no entanto, mantém um clima de guerra branca para prevenir que o cheiro de alguma guerra mais avermelhada tome conta do ar. Afinal, se há alguma coisa que faz a empresa parar de fofocar não é só o excesso de trabalho, é o desafio permanente.

- **O efeito colmeia** – Algumas fábulas a respeito das abelhas nos ajudam a compreender uma postura adequada na liderança de guerras brancas. Todos sabem que as abelhas aprendem a direção do alvo – o caminho das flores – por meio de sinais de corpo. Mais precisamente, movimentos sinuosos com a parte traseira do seu corpo. Pois bem, quem não quer sua equipe trabalhando como uma colmeia? Integrada, focada nos seus objetivos e com todos fazendo o papel humilde de complementar a função que outros estão exercendo? Então, trabalhe com o corpo. Se faça presente. Caminhe. Agite. Indique caminhos. Sua atitude forte vai fazer com que todos se mexam. A direção será tão mais definida quanto você a tenha na sua cabeça e, mais ainda, quanto maior for a energia que você tenha usado comunicando a direção a todos. A cada movimento, a colmeia vai se sentir mais orgulhosa de estar vencendo o desafio. Para isso, é vital que você não banque, em hipótese nenhuma, a abelha rainha e fique parado no seu canto. E, assim, só precisarão se suicidar aqueles para os quais o desafio é tão forte que nem vale a pena lutar. Ninguém vai precisar morrer lutando.

- **O efeito departamento-empresa** – Se a direção está clara e a energia está forte, falta apenas transformar a energia em ações para conquistar clientes "para sempre", oferecendo custos que eles queiram, e muito, pagar. Significa conseguir que todas as áreas se falem e combinem do que uns precisam para fazer serviços para outros, que vão fazê-los para outros, até chegarmos ao cliente final. Temos de combinar como o cliente vai se satisfazer com o nosso trabalho e quanto ele está disposto a pagar por isto. Essa malha de gente se falando e combinando os acordos de serviço é a malha de empresas dentro da empresa. Cada departamento não é um mero departamento. É uma empresa, com visão, alma, metas, compromisso com o seu cliente e, principalmente, muito orgulho do trabalho que faz, ao contrário daquele papo morno de área fim e área meio. Se isso não acontecer, cheque a qualidade e o envolvimento do seu pessoal. Reveja a sua estrutura. Se ela for tão cheia de camadas como a composição da Terra, repense a vida.

Mas não pare. Se você parar, o seu pessoal para, o seu cliente para e o seu caixa fica com um único fluxo: o de saída.

A sua vocação de garimpeiro para buscar pedras preciosas que possam enriquecer a sua coleção de talentos e de lapidador para provocar o seu pessoal a melhorar cada vez mais pode levá-lo a lugares muito privilegiados no mercado.

Mas, melhor que isso, seu cliente vai agradecê-lo para sempre por ter tido tanto carinho ao colocar gente tão competente como a equipe da sua loja para atendê-lo.

Se isso acontece, olhe para o espelho da Branca de Neve e pergunte: espelho, espelho meu, por que eu tenho uma equipe tão boa quanto essa que Deus me deu? Não foi Deus. A resposta está no espelho. Se, no entanto, as coisas não estiverem tão bem assim, a resposta também está no espelho.

Capítulo 9

Produtos · Novas história

Revolução é...

Não administre produtos. Não fique contando estoques. Não perca tempo verificando perdas de inventário. Esqueça os processos de automação.

Se você não tiver produtos diferenciados, tudo isso vai valer nada. Negócios pequenos jamais vão poder cobrar mais barato que os grandes. Os processos de construção de escala fizeram com que os grandes só tivessem os preços como diferencial.

E os pequenos? Estes têm de construir uma nova relação com seus fornecedores para merecerem que eles se disponham a desenvolver novos produtos, novos conceitos, novas dinâmicas de relacionamento. Só assim vale a pena administrar produtos, contar estoques etc.

Produtos têm de ter histórias para contar. Se o seu produto não tem histórias para contar, o seu cliente só vai querer saber do preço. E falar de preço é o caminho mais rápido para o fim do negócio.

Acertando o posicionamento

Agora que nosso caminho está muito bem definido e que nossas pessoas já estão trabalhando, temos de pensar nos produtos que vamos vender. Não há varejo sem produtos. Não há varejo de sucesso sem produtos diferenciados muito bem administrados.

A ilusão que se tem é que com um supersistema de automação comercial, com códigos e leitoras de códigos de barra, o seu problema está resolvido. Sinto que não. Lojas que têm problemas com produtos, em que o cliente vive reclamando que está caro ou vem com aquela frase "só isso?" têm problemas muito mais profundos. Estes, nem o código de barras ajuda a resolver.

O primeiro passo é dar uma olhada no posicionamento que você definiu para o seu negócio e se lembrar da frase: por que o cliente compra o que você vende? E depois por que ele compra de você? Claro que mais adiante estaremos analisando o efeito de serviços e relacionamento na decisão do cliente. Agora, vamos tentar falar apenas de produtos.

Olhando o seu posicionamento, fica muito fácil definir os próximos passos para a estruturação de produtos.

Para quem você vende? O que você vende e com qual diferencial? Lojas que vendem para crianças até oito anos, idade limite para que a mãe ainda decida o que ela vai vestir, têm muito mais chances de sucesso que lojas que vendem para "crianças" até 16 anos. Lojas que vendem sapatos infantis têm muito mais chance de sucesso do que lojas que vendem sapatos para toda a família. Questão de foco. Questão de especialização.

Certa vez, uma aluna de um dos nossos programas nos chamou para visitar sua loja de acessórios. Lá chegando, me deparei com uma parede de perfumes importados. Claro, você diria, perfume também é acessório.

Comecei, então, a fazer perguntas que, na minha opinião, ajudam as pessoas a raciocinar e a colocar a cabeça no lugar. Vende? Resposta: sim. Quanto vende? Resposta: não sei (o que na maioria das vezes significa que vende pouco). Claro que vende. Sanduíche natural também venderia. Feijão com arroz também. O problema é se vende a preço que dê lucro. Ou se o giro permite que você seja importante para quem vende para você. Ou se a venda desse produto faz com que você fique conhecido como especialista.

Quando sugeri que ela tirasse o produto de linha, a resposta foi a melhor que já ouvi: "Já estava pensando em fazer isso e agora vou fazer." Daí para frente, seres racionais começam a rezar para que tudo dê certo, porque a melhor teoria só vai funcionar se, na prática, gerar melhores resultados que os anteriores. Dois meses depois, veio a confirmação. Com a retirada dos perfumes de linha e a entrada de produtos que estavam para entrar no foco correto do negócio, as vendas aumentaram em 30%. Trinta. Graças a Deus? Não! Graças ao foco. Menos, nesse caso, é mais.

Definindo sortimento competitivo e lucrativo

Ter novidades, não deixar faltar produtos básicos na loja, oferecer preços que o cliente ache justo. Por que o óbvio é tão difícil? Andamos tão preocupados em nos diferenciar que, às vezes, acabamos complicando demais e perdendo a simplicidade. Diferenciar é fundamental, mas manter a simplicidade é essencial. Ter o que o cliente espera encontrar, com preço justo, é o mínimo que devemos oferecer.

Para isso, temos de pensar em como o cliente se comporta e que expectativas tem com relação aos nossos preços e produtos. Só assim, poderemos nos preparar para recebê-lo, tendo o que ele precisa na proporção certa (garantindo a satisfação dele e os nossos lucros).

Talvez uma das fases mais importantes do varejo seja a da decisão da formação do sortimento de produtos. A hora de definir as linhas de produtos que serão vendidas por você é fundamental. A definição de sortimento é muito complexa, mas pode ser dirigida para o sucesso de seu negócio.

O começo de tudo é sempre o mesmo. Você tem de pensar, primeiramente, no seu cliente. Se ele está bem definido na sua cabeça e na das pessoas que vão trabalhar com você, já temos meio caminho andado. A proposta da loja, a cara que ela vai ter para quem passa por ela, e, principalmente, se ela vai ou não chamar a atenção por ser diferente e focada começa nesse momento. Isso ajuda, mas não é definitivo.

Outra variável da maior importância é o espaço de exposição. Muitos varejistas, de repente, começam a achar que o espaço de que dispõem é pequeno. Com certeza, depois de um começo focado e bem limitado, o sortimento começa repentinamente a aumentar. Quase sempre quando falta caixa, quando os clientes param de entrar. Quando faltam vendas. Quase tudo vende se for exposto na loja. O difícil é nos concentrarmos nos itens que vendem com a lucratividade esperada e para o público que queremos atingir. Obviamente, o uso do espaço que você tem também depende do seu cliente. Lojas populares têm obrigação de massificar mercadorias e vice-versa. Mas com muita organização.

A sua vizinhança é outro fato que influi nas participações das linhas. Se você vende roupa popular e seu vizinho também, é importante que sejam criados diferenciais. Não ter produtos que o seu concorrente tenha e marcar barato pode ser uma boa saída. A vizinhança pode afetá-lo no curto, médio e longo prazos. O acompanhamento das ações da concorrência é vital para evitar surpresas.

Outro ponto que pode mudar a sua vida é a sazonalidade do seu negócio. Sazonalidade nada mais é que a variação das vendas mês a mês em relação à venda do ano. Negócios de moda feminina têm picos de vendas no Dia das Mães e no Natal; os negócios de brinquedos, no Dia das Crianças e no Natal, e os de autopeças andam bem nas vésperas das ocasiões em que as pessoas resolvem viajar.

Os eventos que fazem a sazonalidade de um negócio são, na maioria das vezes, previsíveis, desde que você tenha um bom controle do passado. Mas o passado tende a se repetir cada vez menos. E, nesse aspecto, valem as apostas e as grandes tacadas. Em pet-shop, raramente Natal tem grande sazonalidade. Mas isso também ocorre porque ninguém ousa comprar itens que possam causar impulso de compra. Na primeira vez que apostamos pesado em nosso pet-shop no Natal, a tendência mudou. A venda de dezembro pulou alguns pontos percentuais à frente do ano anterior.

Apostar é arriscado, principalmente em itens especiais como os natalinos. Mas apostar é também a força do varejista que conhece seus clientes. Não só o que eles já compraram, mas o que eles ainda poderiam comprar. Mais adiante, vamos reforçar o potencial do que isso significa.

Até aqui tudo muito bem, nada a ver com o seu bolso, no curto prazo. Mas há um último fator do qual queremos falar para que você defina o seu sortimento: fluxo de caixa. Não dá para deixar de pensar nisso. O segredo de uma equação que garanta saúde para o seu negócio começa com comprar produtos, receber, estocar, expor, vender, receber o dinheiro pelo que você vendeu e pagar o seu fornecedor.

Você decide

Ainda há outras coisas para se pensar quando o assunto é composição de linhas. Os itens que se seguem ajudam a compreender cada uma delas.

- **Básico x Tendência** – Negócios fortes têm um equilíbrio bem estabelecido entre básico e tendência. Básico é o produto que o cliente sempre procura. Tendência é o produto que o cliente às vezes não procura, mas compra quando vê e percebe que gostou. Produtos básicos minimizam o risco do negócio no curto prazo. Normalmente, não saem de moda e seu estoque, mesmo que comprado de forma errada, acaba vendendo a preço cheio algum dia.

Cliente é muito volúvel e, às vezes, paradoxal: cada dia quer uma coisa. Componha o seu sortimento levando em consideração que o mesmo consumidor pode ser arrojado, conservador ou ponderado em diferentes momentos. Saiba como atendê-lo em cada uma dessas ocasiões, mas fique atento para não perder o seu foco. É ele que vai fazer com que os clientes se identifiquem cada vez mais com o seu negócio, aumentando as oportunidades de lucro.

- **Profundidade x Horizontalidade –** O que passa à cabeça do cliente que, em uma loja da Hering, pede camiseta branca, no tamanho médio, e o vendedor explica que só chega na semana que vem? Os básicos têm de ser comprados em quantidade. Não podem faltar. No caso da falta dos itens de tendências, dá até a impressão de que acabaram porque eram muito bons. Não pode é sobrar.

O produto básico tem o papel de cumprir o combinado: o cliente vem à loja esperando encontrá-lo. Tendência tem de ser escolhida a dedo. Se você vende eletroeletrônicos, compre um ou dois itens daquele lançamento que parece que não vai vender nada. Se vender, recompre. Se não vender, lembre-se de que a sua loja tem de ter algo novo de vez em quando. Até para ajudar na sua reputação de ter novidades sempre.

- **Campeões x "Kuru-kurus"** – Por mais competente que seja o seu sistema de controle de estoque, ninguém consegue controlar todos os itens. Então, vamos dar uma de inteligente-preguiçoso: vamos olhar para os itens que não podem faltar nem que você tenha de gastar mais fluxo de caixa que o previsto. E o mais fácil de fazer: não recomprar os itens que você nem deveria ter comprado.

"Kuru-kuru" foi uma gíria que aprendi na Mesbla. Era o nome de um brinquedo lançado pela Estrela, no qual a Mesbla apostou e nada de vender. Nada mesmo. "Kuru-kuru" é aquele grupo de produtos órfãos que ficam olhando para os clientes quando eles entram na loja com aquela cara de "me leva, me leva..." Defina primeiro quais são os produtos que você não pode deixar de ter (*best-seller*) para comprar cada vez mais e não deixar faltar. Defina também o que você não pode ter (*worst-seller*) para não comprar mais. Cheque se a sua percepção coincide com a da sua equipe; ninguém melhor do que ela para dizer o que o seu cliente quer.

- **Autoridade x Dominância** – Aprendi esse conceito trabalhando em lojas de departamentos. Pena que nem todas elas o tenham aprendido. Nesse caso, a pergunta a ser feita é muito simples e serve para checar o nível de reputação que você tem perante o cliente. Quando o cliente pensa em comprar o que você vende, ele também pensa na sua loja? Se sim, você é um dos bons. Ser um dos bons é ter autoridade no que você vende. Se quando o cliente pensa em comprar o que você vende, pensa primeiro em você, então você é o melhor. Se você é o melhor, não só tem autoridade, mas tem dominância nesse produto. Dominância não é algo fácil de se conseguir. Aliás, levam-se anos para isso. Mas vale muito quando se consegue.

O problema é quando você vende algum produto e não tem nem autoridade. Por exemplo: sapato infantil em loja de roupa infantil quando o dono não tem muita convicção de que tem de investir nos dois. O cliente chega e procura a camiseta, que é um item superconhecido. Acha. Gosta. Resolve comprar. Em seguida, vê na prateleira um sapato exposto muito bonitinho. Nem sabia que se vendia sapato ali. Como gostou, pede para ver. Não tem o número do filho. Nem em outra cor. Ah sim, tem outro modelo, não de lacinho, mas de pedrinha.

Resultado: o cliente foi super bem atendido no pedido da camiseta e super mal atendido no de sapatos. E aí? Como fica a cabeça dele a respeito da loja? A marca cresceu na sua percepção? Claro que não. Era perfeita em camiseta. Mas e em sapatos?

Loja de departamentos é assim. Vende tudo para todos. Enquanto não existia o shopping, fantástico. Sem concorrência, qualquer negócio vai muito bem. Depois, vieram os shoppings que usaram as lojas de departamentos como âncoras para atrair clientes. As lojas de departamentos foram sendo cercadas por uma emboscada – nem tão surpreendente assim – de lojas especializadas em quase tudo o que elas vendiam. Aí ficou tudo na mão do cliente. Se ele ainda achava que a loja de departamentos era melhor em algum produto, continuava indo lá. E só comprava itens em que a loja de departamentos tinha no mínimo autoridade e, de preferência, dominância. Caso contrário, ele migrava para a loja especializada e não voltava mais.

Se a Mesbla tivesse tido clareza, teria aberto lojas especializadas em produtos que ela dominava. Cama, mesa e banho, perfumaria, objetos de casa seriam grandes candidatos a cadeias de lojas muito competentes. Isso foi feito com algumas cadeias – Next, Folia, Hipermóveis e Náutica –, como aconteceu com as lojas de departamentos americanas. Mas a empresa preferiu, ao ver que o Titanic já tinha batido no *iceberg*, colocar os botes salva-vidas de volta no navio. Embutiu a Folia e a Next, fechou os pontos e se concentrou no negócio mais volátil que tinha. Deu no que deu. Pura e completa falta de autoridade e competência no que estava fazendo.

Processo semelhante ocorreu com os supermercados médios. Não tinham nada de serviços a oferecer a mais que os pequenos. E não tinham nada a menos de preços a oferecer a mais que os grandes. Falta de autoridade. Fecharam.

Se você não tem autoridade em alguma linha, construa; se não conseguir, pare de vender coisas que não vão ajudar a criar a sua reputação.

- **Comparáveis x Não comparáveis** – O que você vende na sua loja que ninguém mais vende? Se você tem algum produto que ninguém vende, ótimo. Se não tem, mal. Possivelmente, você tem ouvido o comentário "*tá caro*", de muitos clientes. Se não estiver ouvindo, é provável que a sua margem esteja indo para o buraco. Aqui começa outro dilema. Quem, em sã consciência, vai comprar Neutrox em uma farmácia mais cara se nenhuma das duas tem nada de diferente a oferecer. A questão é: se você não tem itens diferentes, vai cair na briga mortal de preço.

- **Preço x Valor** – Manda quem pode, obedece quem tem juízo. O cliente é quem decide. Não adianta receber o fornecedor, comprar tudo o que acha que vai vender e aplicar a sua margem para encontrar o preço de venda. Essa fórmula já era! Comece pelo outro lado. Escute o cliente, faça uma pesquisa na concorrência, descubra qual o preço máximo que seus clientes estão pagando por produtos similares aos seus. Só depois, aplique a margem de trás para frente, encontrando o preço de custo que você deve buscar para o produto. Agora sim, negocie com o fornecedor. Se não der certo, substitua-o ou o produto. Se não conseguir, não compre! De que adianta definir seus produtos com a margem que você considera ideal, se o giro dessas mercadorias não for bom? Não esqueça: margem de prateleira não dá lucro pra ninguém.

A grande maioria dos varejistas pesquisados, em qualquer situação, dizem que o seu problema é lucratividade. Às vezes, causa dúvida o porquê de tanta obscuridade em relação a um tema tão importante. O problema dos varejistas nunca é falta de lucratividade, é falta de diferenciais que o cliente tenha vontade de contar para alguém depois de ter ido à loja dele. Construir "uaus!" dos quais o cliente não se esqueça não custa quase nada a mais do que fazer mal os trabalhos.

Stanley Marcus, "pai" na Neyman Marcus, nos ensinou que se alguma coisa custa 20% a mais, mas funciona 100% melhor, parece 150% melhor e dura 50% a mais, então esse item tem valor. E a história de sucesso das empresas inicia-se com produtos diferenciados e que agreguem valor à marca.

Fornecedores

Falando de coisas importantes, fornecedores são o ponto crucial na conquista de competitividade. Poucas coisas deveriam ser tão bem cuidadas, pensadas e lapidadas como o fornecedor. Por quê? Bem, acho que a essa altura do campeonato, nem preciso dizer o porquê. Prefiro falar das coisas que tenho discutido com meus alunos. Eles me dizem tudo o que esperam do fornecedor:

- **Credibilidade** – Dá para prometer o que eu preciso que ele prometa? Dá para cumprir o que promete? Sempre.
- **Qualidade de produto** – Chave para qualquer relacionamento forte. Ajuda na reputação da sua marca. E garante que a primeira parte da frase de Stanley Marcus também se realize: varejo é um lugar onde vendemos produtos que não voltam para clientes que voltam.
- **Preço justo, competitivo e compatível com o mercado** – Em nenhuma pesquisa com clientes em ambientes mais abertos à verdade, alguém falou de preço barato.
- **Prazo de pagamento proporcional ao giro do produto** – Esse parece ser um item cada vez mais importante na relação varejo + indústria.
- **Prazo de entrega dentro do planejado** – Esse é o item em que as indústrias mais falham. Não dá para contar com o produto que vai chegar e não chega.

- **Frequência de entrega** – Com a necessidade constante de se reduzirem os níveis de estoques, a agilidade na reposição ajuda muito.
- **Flexibilidade para a adequação dos produtos às novas necessidades dos clientes** – Eu, que sou pequeno, preciso atender meus clientes nas suas mínimas necessidades. E preciso de parceiros que me ajudem nisso, que entendam que por menor que eu seja, eu sou eu.
- **Inovação** – Como eu não tenho tempo para ficar criando, prefiro fornecedores que me tragam as novidades do mercado.
- **Assumir riscos** – Se algum produto que eles querem me vender demorar a girar mais do que esperávamos, que ele também me ajude esticando um pouco o prazo.
- **"Certa" exclusividade** – Ninguém acha que vai conseguir exclusividade total, mas, quem sabe, em alguns itens de algumas linhas isso é possível?
- **Pós-venda** – A era de vendedor que só tira pedidos acabou. Quero carinho depois da venda.
- **Marca** – Mais forte que a da minha loja. Caso contrário, nem vale a pena ter o produto.
- **Apoio no ponto de venda** – Bem que o pessoal podia me ajudar a vender os produtos que compro deles.
- **Consignação** – Não sabemos muito bem se é tão bom assim, mas, pelo menos, vamos conversar sobre o assunto.
- **SAC** – Precisamos ter com quem falar e alguém que responda às nossas dúvidas.
- **Agilidade na resolução de problemas** – O nosso cliente não espera, preciso que todos da equipe dos fornecedores também entendam isso.
- **Assistência técnica** – Quebrou. E o que eu faço com isso?
- **Transparência** – Não minta e me deixe saber das coisas.
- **Ética** – Sem legenda.
- **Fidelidade** – Sem legenda.
- **Exposição e *merchandising*** – Faz parte do apoio para que eu possa vender o seu produto.
- **Treinamento da equipe** – Idem.

- **Garantias** – Que me ajudem a fortalecer minha credibilidade perante os meus clientes.
- **Propaganda cooperativada** – Pelo amor de Deus, pegue um pouquinho daquela superverba que vocês têm gastado e invistam um pouco no meu mercado. Prometo que vai dar mais retorno que a que vocês aplicam.
- **Compromisso com o giro do produto** – Não, não me abandone! Forneça-me suporte para criar situações de giro para os que estiverem parados.
- **Atendimento** – Venha sempre no dia prometido, me ensine coisas que eu não sei e compreenda que eu tenho minhas dificuldades.
- **Continuidade de fornecimento** – O preceito básico de fidelização é que nós continuemos vivos.

Dá para conseguir isso mesmo sendo pequeno? Sim. Não sem fazer um grande esforço, claro. Lembre-se de que os fornecedores já não estão mais tão simpáticos às exigências que os clientes grandes têm feito. E a esperança deles é encontrar pequenos que não entrem na estúpida estratégia de fazer essas tais exigências. Não dá.

Na verdade, o que os clientes esperam de nós é bem parecido com o que esperamos deles. O que pode ser feito a mais? Trocas de informações de mercado, testes de produtos, grupos com clientes para análise de lançamentos, tudo vale para construir diferenciais no relacionamento com quem, supostamente, só deveria entregar produtos para você. Mas lembre-se de que eles também só esperam que você compre e pague os produtos deles.

Já que varejo é manter relacionamentos para sempre, acrescente esse à sua lista de conquistáveis. E trabalhe o relacionamento.

Planejando vendas e compras

Se este livro apresentasse uma abordagem clássica do varejo, este tópico teria, no mínimo, metade do livro. Claro que esse assunto é muito importante, mas há pouco que se possa fazer por ele num livro como o nosso. Planejar vendas é um exercício das áreas de vendas e compras. O sistema que for adotado tem de permitir que se crie um histórico de vendas em unidade moeda, unidades físicas e que se possam conhecer os dados no menor nível possível. Não que todos tenham de acessar todos os níveis. Ao contrário, cada um tem de poder olhar o seu nível, o de baixo e o de cima. E o da empresa inteira para que todos caminhem na mesma direção. E o que realmente diferencia as empresas são as apostas conjuntas.

Aproximar vendas e compras para planejar os próximos meses provou ser a melhor atitude em relação a construir um futuro melhor para o seu negócio. As brigas e rixas acabam e o diálogo se abre totalmente. O tema é mais amplo. Todas as vezes que a área de vendas se acha coautora dos volumes do plano de vendas e coautora da decisão sobre que produtos serão comprados e que terão de ser vendidos, o sucesso está garantido.

Imagine uma nova coleção de produtos de material de construção que foi apresentada pelo fabricante apenas ao pessoal que compra na sua empresa. Tudo bem, vocês compraram um lote todo. Na loja, ninguém sabe do produto. O produto chega. Como é um conceito novo e desconhecido, o pessoal de vendas leva pelo menos 15 dias para entender como ele funciona. Depois de um mês, nem metade do estoque girou.

Em outra situação, o pessoal da loja vai junto com os compradores até o fabricante e já aprende de cara como o produto funciona. Vibra com o produto, entende que não é tão fácil assim convencer os clientes a trocarem o processo que usam hoje pelo novo, mas ficam convencidos. Chega o produto na loja, festa! Após 15 dias, o mesmo estoque que foi comprado na situação anterior já acabou e uma nova remessa está vindo.

A revolução, nesse caso, é mais no sentido da integração para o planejamento do que no processo do planejamento. O resultado é surpreendente.

Produto ainda é diferencial

Tudo de que falamos até agora vale muito. Mas o que ajuda a fazer sua loja mais conhecida é ter produtos que motivem os clientes a procurá-la. A máxima do mercado é que produto não é mais diferencial e que a única maneira de se diferenciar é por meio dos serviços. Verdade ou mentira? Depende do mercado. Depende da criatividade de quem atua no mercado.

Alguns casos de sucesso em produto são exemplos de como deveríamos atuar: a Johnson & Johnson fez uma pesquisa com seus clientes sobre o que eles esperavam da fralda de pano e eles disseram que queriam que ela durasse mais. Meu guru, Jesus Cosenza, recomendou e liderou o lançamento da fralda descartável e ela virou um sucesso. Pergunte a quem esteve recentemente num hospital sobre aquele humilhante avental que cobre a nossa parte dianteira e descobre totalmente a parte traseira. Para quem já está no hospital com medo de alguma coisa, isso é acabar com a autoestima. Uma empresa nos Estados Unidos percebeu isso e lançou um avental com velcro atrás. Sucesso! Diferencial puro. Atendimento da necessidade do cliente!

Se eu fosse fabricante de macacões para bebês faria o mesmo: macacões com velcro em vez de botões e amarradores. Quando a mãe estiver na hora crítica de trocar a fralda do seu bebê vai agradecer a Deus por alguém ter inventado algo que a ajudasse a ser uma mãe mais prática: o velcro.

- **Negócios que fazem a diferença**

O exemplo da The Container Store transcende os produtos, pois, como dissemos, essa cadeia de lojas foi eleita pela revista *Fortune*, por duas vezes consecutivas, como o melhor lugar para se trabalhar nos Estados Unidos. Imaginem vocês se na sua lista de melhores lugares para se trabalhar estaria alguma empresa de varejo. Tendo de trabalhar sábado, com a dinâmica (ou será roda-viva) que o varejo tem, é difícil, mas eles conseguiram. Além dos investimentos para atrair talentos, só talentos, pagam mais que o mercado.

O mais interessante, porém, sobre o conceito da The Container Store é que essa loja trabalha o produto de uma maneira muito diferente. Em vez de autosserviço e produtos autoexplicativos, ela vende produtos que só se vendem se o cliente ouvir uma história a respeito deles. Sem ouvir a história, ele não vai entender o produto e talvez nem imaginar que possa existir. A The Container Store comercializa produtos destinados a organizar os espaços onde as pessoas vivem: a garagem, o armário, o *closet*, o banheiro. Mas ela inventa novos conceitos que, se compreendidos, fazem com que o cliente se torne rapidamente fã da empresa. E conte com orgulho para os amigos o que ele conseguiu de organização com o que comprou lá.

Há também a Replacements Ltd. que coleciona louças velhas para clientes que queiram repor seus jogos. No Brasil, agricultores cultivam legumes orgânicos, sem nada de agrotóxicos ou produtos químicos e vendem por um preço até dez vezes maior do que os dos produtos convencionais.

- **E o seu negócio?**

Sim, eu entendo que é muito difícil transformar seu negócio, que vende coisas que todo mundo vende – *jeans*, roupa feminina, acessórios, brinquedos – em algo totalmente diferente. Que tal seguir o conselho do guru Jack, o estripador, que sempre aconselha "vamos por partes..."? Que tal um item completamente diferente na sua loja? Você só tem de ter um. Em móveis, dá para criar uma mesa para computador que todo "maluco-por-computador-amaria": lugar para abrigar todos aqueles fios, lugar para colocar tomadas ao alcance das mãos, sem ter de ajoelhar e rastejar para chegar a elas. Se você pensar apenas nas coisas ruins do produto que você e o seu concorrente vendem e eliminá-las já vai fazer sucesso.

- **Onde conseguir**

Seus parceiros fornecedores gastam muito dinheiro para pesquisar novas tendências, novos materiais, novos *designs*, mas quem está perto do cliente e pode realmente ir fundo no assunto é você. Faça com o seu fornecedor mais do que uma parceria de compras. Proponha a ele ser o pesquisador de novidades no sentido mais amplo. Inventem e testem, colocando o produto à venda na sua loja com ajuda do fornecedor para o material promocional. Vai ficar barato para todos. E, claro, combine com ele como vai ser a sua remuneração pelos produtos inventados. Mais barato, exclusivos, maior prazo de pagamento, alguma remuneração.

Na verdade, a vantagem competitiva sustentável em produto só pode ser construída com alguma parceria desse tipo. Vale sempre a máxima, o cliente não sabe bem o que quer, paga para que a gente adivinhe e reconhece e compra quando acha o que nem procurava mas gosta. Aposte e ganhe.

Capítulo 10

Comunicação · Gerar

Revolução é...

Se a sua empresa não tem departamento de marketing, parabéns! Assim como lidar com gente, marketing deveria ser papel de todos na empresa.

Marketing é tudo o que a empresa faz para atrair e manter clientes para sempre. Muito mais do que os velhos quatro P´s que nem sequer incluíam serviços. Na verdade, o Ciclo de Competência do Varejo é um modelo completo de marketing de varejo.

A comunicação é uma parte muito importante do varejo. Ajuda a consolidar todo o esforço que fazemos para criar um lugar ao qual o cliente venha e se sinta tão bem que compre, volte e nos recomende.

O contrário seria triste. Comunicar negócios ruins é mais ou menos pagar para chamar muitas pessoas para descobrirem o quanto somos incompetentes.

O marketing mudou

Muita gente ainda confunde comunicação com marketing. Vamos dissecar o marketing para depois abordarmos a comunicação.

Já dissemos que a grande descoberta do século passado é que cliente é gente. As necessidades das pessoas são da mesma natureza! Todos nós buscamos recompensa que garante a sobrevivência do nosso corpo – e reconhecimento – que garante a sobrevivência da alma. Os japoneses, com sua milenar sabedoria, usam o ideograma *kofuku* para representar felicidade. *Ko* é coração. *Fuku* é dinheiro. Os dois têm de estar em equilíbrio. Nós não nos satisfazemos apenas em ter produtos. Queremos ser reconhecidos, ser tratados como únicos e de maneira íntegra.

O marketing, então, deixou de ser apenas produto, ponto, preço e promoção. Os quatro P's foram muito bons até o momento em que a concorrência explodiu e todo mundo oferecia produtos parecidos. Aí a coisa mudou. O marketing virou outra guerra, mais difícil de se lutar: o novo marketing significa fazermos tudo para o cliente mudar seu comportamento – atraí-lo para a nossa loja e, depois, fazermos todo o possível para que ele não mude o seu comportamento, mantendo-o fiel ao que ele encontra quando nos visita. Para se realizar esse esforço maluco de atrair e manter o cliente, é preciso que todos na empresa usem a nova ferramenta: o marketing feito por gente para "cliente gente".

Se cliente é gente e queremos fidelizá-lo, então temos de imitar os processos de fidelização do ser humano. A última paixão que tivemos é sempre um grande referencial. Como foi a aproximação? Claro, vimos a pessoa, deu aquele frio na espinha e logo veio a vontade de contar para todo mundo o que estávamos sentindo: isso é "uau!". Em uma época como a de hoje, logo depois do "uau!", temos de checar a reputação de quem nos causou "uau!". Se ela é boa, vamos às promessas, que, em início de namoro, vamos admitir, nem sempre são possíveis de se cumprir. A fidelidade só vai persistir se a nossa credibilidade não for abalada, se cumprirmos à risca tudo o que prometemos. Vinícius de Moraes definiu bem: infinito enquanto dure. E enquanto durar, conta muito o relacionamento que temos com quem queremos manter fiel.

Ainda está casado ou namorando a última namorada? Se sim, os quatro pontos do novo marketing foram bem administrados. Senão, reveja o seu romance.

O "uau!"

Não vale apenas comprar e vender mercadorias, ter vendedores, ter loja. Em cada item do projeto da nossa loja, precisamos pensar em como vamos surpreender o cliente. Tirar o seu fôlego com coisas que nem dá para explicar, como a lanchonete a que fui nos Estados Unidos. Acostumado com o McDonald's, estranhei o caixa ficar à distância de um metro do balcão. Pedi, paguei e quando cheguei ao balcão, dois ou três segundos depois, vi uma bandeja perdida. Procurei por seu dono, perguntei ao balconista que se aproximou: "De quem é esta bandeja?" "Sua", ele respondeu. Disfarçadamente, levei a bandeja para a mesa. Uau! Muito mais rápido que o McDonald's. Para mim, seria impossível, mas não era mais. Só vendiam três tipos de sanduíche. Mas eram rápidos, muito rápidos.

Custa quase o mesmo fazer por fazer e fazer diferente. O que nos leva à necessidade de fazer diferente é a certeza de que os que não fizerem vão morrer antes.

A reputação

O marketing boca a boca é a maior arma que uma empresa pode ter. Leva anos para construir, minutos para se destruir. Reputação é, na verdade, o resultado do trabalho de todos na empresa para atrair e manter clientes. Alguns negócios têm tanta reputação que impressionam. O jogo do bicho sobrevive há décadas sem que ninguém saiba que alguém deixou de receber o que ganhou. Todo mundo quer ter o processador Pentium na sua máquina, embora, muitas vezes, nunca o tenha visto. Você nunca vê, mas ouve falar. Muito, e bem. O que o seu cliente fala da sua loja?

A credibilidade

Quanto valem R$ 18,00 para você: 3 x R$ 6,00 ou simplesmente R$ 18,00? Você deixa claro que são três prestações de R$ 6,00 ou faz o cliente pensar que é uma só? Cuidado! Credibilidade é prometer e cumprir sempre. A Mesbla nunca vendeu tantos brinquedos como na época em que anunciava: "Se você encontrar nos anúncios da concorrência brinquedo mais barato do que na Mesbla, leva de graça." E se encontrasse levava. Pura credibilidade. A Disney promete 25 minutos de fila, cumpre em 23. Quase meia hora, e o cliente acha rápido. O combinado nunca é caro. Que promessas você faz para seus clientes e como as cumpre?

O relacionamento

Lembrem-se do que o Rubem Wiethaeuper, meu ex-chefe, me ensinou: melhor conhecer o garçom que o restaurante ser bom. Exagero? Os bons atendentes conhecem seus clientes pelo nome como nossos avós eram conhecidos pelo dono da farmácia da esquina, sabem da data do seu aniversário, do que eles gostam e do que eles não gostam. Quando os produtos chegam à loja, sabem quem seria o candidato para cada item. Ligam avisando que o produto chegou. E o cliente compra! Quando o cliente tem problemas, eles os resolvem com aquele jeitinho de amigo. Ninguém resiste!

Praticar "uau!", reputação, credibilidade e relacionamento é a chave de tudo! Pensar muito no seu cliente. E fazê-lo mais feliz que seu concorrente possa fazê-lo. Fidelidade é questão de felicidade.

A arte de ouvir o cliente

Segundo o dicionário Aurélio, o significado da palavra *pesquisar* é "informar-se a respeito de". Nunca se falou tanto sobre a necessidade de ouvir o cliente, de conhecer suas preferências, necessidades e desejos. Como fazer são outros quinhentos. A primeira coisa, nesse caso, é ter disposição para ouvir. Parece óbvio, mas é o erro mais comum. Quem já não passou pela situação de entrar numa loja de roupas (ou de qualquer outro produto) e pedir ao vendedor um determinado produto e ele apresentar várias opções, menos a que você pediu. Sabe por que isso acontece? Porque o vendedor está mais preocupado em vender, bater sua cota do que entender de que forma o produto pode ajudar a solucionar o problema do cliente.

Em lugar de vender, é preciso inspirar o cliente a comprar. Para isso, perguntar é vital. O cliente, ao adquirir um produto, está em busca da solução para algum problema. Voltando ao caso da roupa, imagine uma data especial, como um casamento, uma formatura. Em ocasiões como essas, a expectativa do cliente é muito maior se comparada à compra de uma roupa para o dia a dia. Será que os vendedores têm noção de sua responsabilidade em agradar o cliente nesses momentos? Não importa a data em si, o que é preciso saber é que os clientes compram soluções e não produtos. É claro que o produto é importante, pois é ele que pode solucionar o problema, mas, antes do produto, vem o problema, ou seja, a necessidade ou o desejo do cliente. A oportunidade! Entre no clima do cliente. Ponha-se no lugar dele. Pense como cliente!

A primeira fonte de pesquisa é a equipe; depois, o cliente. Se ainda quiser saber mais, contrate uma empresa para ajudá-lo. Pesquisas feitas no dia a dia podem contribuir muito. As informações devem ser coletadas de forma padronizada, organizadas e analisadas constantemente. É importante também que os vendedores e os clientes tenham um retorno. Só assim, eles vão se sentir estimulados a dar mais informações. Eles podem ajudar muito na análise. Isso permitirá uma sintonia mais fina entre a empresa e seus clientes.

Estamos falando em contratar uma empresa de pesquisa para ouvir os clientes? É isso mesmo. Você deve estar pensando: é muito caro, não posso pagar. Além do mais, eu já estou ouvindo meus clientes, para que preciso contratar alguém? Em primeiro lugar, nem sempre é caro. Depende muito do tipo de pesquisa e da forma como os dados serão coletados. É bom lembrar também que não é necessário ouvir todos os seus clientes, basta uma pequena parte deles. É a mesma situação como quando estamos preparando uma sopa e precisamos experimentar seu tempero. Para isso, não é necessário tomar toda a sopa. Uma pequena colher é suficiente. Se benfeita, dá lucro!

Só com uma empresa de pesquisa vamos conseguir obter informações de clientes que não vêm à nossa loja! Aqueles que adoraríamos que nos visitassem. E, além disso, vamos poder ter uma avaliação imparcial de como atendemos, como nossos clientes enxergam nosso produto e nosso negócio.

A pesquisa deve gerar ações – de melhoria, de correção de rumo, de inovação. Só vale a pena fazer pesquisa quando a sua vontade de mudar estiver muito acentuada. Seja como for, nunca perca a oportunidade de ouvir seus clientes. Eles sempre têm muito a dizer. Nesse caso, o barato não sai caro.

A arte de falar com o cliente

No marketing para "cliente gente", todos na empresa trabalham para atrair e manter clientes, do estoquista ao dono da empresa.

Para manter clientes: produtos campeões e serviços de arrebentar. Para atraí-los, comunicação de loja. Comunicação de loja é uma parte muito importante do que podemos fazer para que quem nem conhece a loja passe a prestar atenção nela. Há muito que se falar sobre o tema, mas só para nos tornarmos mais didáticos, vamos dividir a comunicação de loja em duas partes: comunicação da loja para dentro e da loja para fora. Em inglês fica até mais bonito, *in store* e *out of store*. As duas têm de ter uma ligação forte, as duas têm de se complementar. Então, antes de falarmos de cada uma delas individualmente, precisamos discutir a importância de termos uma diretriz única para guiar os caminhos de ambas.

Diretrizes da comunicação de loja

Antes de tudo, para que possamos começar a pensar em veicular qualquer coisa, ou sinalizar alguma mercadoria na loja, temos de elaborar nossas diretrizes de comunicação.

Que histórias temos para contar para nossos clientes (se a história for fraca de que adianta veicular alguma coisa?) e com que linguagem e cara queremos contar? As histórias podem ser novos lançamentos, novos serviços, novas garantias, vantagens competitivas dos produtos que vendemos. Histórias.

Qualquer comunicação que façamos deve conter novidades a ponto de merecer que alguém a veja, ouça ou leia. Se a maior novidade que você tem para contar é: *jeans* a "x" reais, use melhor o seu dinheiro. A linguagem e a cara da comunicação podem ir de muito formal a informal, mas têm de ser absolutamente coerentes com o que seu negócio é para seus clientes.

Tudo o que você fizer tem de conversar entre si, por exemplo, o cartaz da vitrine e o eventual *outdoor* têm de levar o cliente a pensar no seu negócio. A única maneira de garantir o melhor retorno para cada real que você investir em comunicação é ter diretrizes claras de comunicação.

Se você as tem, fica mais fácil pedir ajuda a quem possa prestar serviços para planejar cada passo da maneira como você vai falar com seus clientes.

Uma dica muito boa que aprendi com o meu mestre Jesus Cosenza foi que cada peça que fizermos tem de ter SCOREH. O "h" é meu.

- **Simplicidade**. Se precisar de legenda, tente outra. Há uma lenda de que o Geraldo Alonso, fundador da Norton, agência de propaganda, ao analisar um *layout* diz ao diretor de criação: "Não entendi!" O cara, muito motivado pela peça que fez, responde: "Posso explicar?" O Geraldo Alonso, que é muito gozador, pergunta: "Você vai ser veiculado com a peça para explicá-la para cada cliente que a ler?"
- **Criatividade**. Ninguém se detém para ver algo que não seja diferente.
- **Objetividade**. O cliente não tem tempo a perder.
- **Relevância**. Você pode não achar importante, quem tem de achar é o seu cliente.
- **Empatia** · Além de achar importante, o seu cliente tem de achar que a peça é a cara dele.
- **Humor**. Olhe para o cliente quando ele estiver vendo a peça. Se não sair nenhum sorriso, tente outra.

Quando alguém vier pedir para você mudar a sua linha de comunicação, lembre-se de que, muitas vezes, nós nos enjoamos de certas coisas antes que elas tenham se fixado na cabeça e no coração dos clientes.

Cuidado com os custos. Toda vez que você pensar em custo, tenha em mente que o maior custo é fazer mal as coisas. Tudo que você fizer benfeito, dentro de um orçamento razoável, claro, vai dar mais retorno do que apenas fazer as coisas por fazer. Isto vale para tudo em comunicação. É mais importante passar pelo teste do SCOREH que custar pouco.

Comunicação da loja para dentro

Já sabemos que nosso negócio tem corpo e alma e que, para o bom funcionamento do corpo, a alma tem de estar em ordem. As pessoas que trabalham com você são os grandes defensores da sua marca. São elas que representam a alma da empresa. Suas caras mostram exatamente o espírito que existe na loja. Por isso, antes de tudo, é essencial que elas estejam bem. Alma *Ok*. E o corpo? Como ele fica nessa história? Quando cuidamos bem de nossa alma, o corpo agradece e se sente bem. Mas será que isso basta? É claro que não. O segredo da saúde de nosso negócio está no equilíbrio das duas partes. O corpo precisa ser tratado constantemente. A manutenção, os cuidados do dia a dia e, principalmente, a renovação, são as peças-chave de uma vida saudável. Invista no corpo, seu bolso agradece!

Antes de qualquer coisa, tenha um conceito de impacto. Escolher algo inovador como diferencial já é meio caminho andado. Use seu dinheiro para trabalhar a parte interna da loja. Por que gastar um bilhão em propaganda, se o retorno é tão incerto? Remodele seu espaço, invista no cenário, no visual, em um atendimento revolucionário. Assim, você também se tornará conhecido, com a diferença de os resultados serem bem mais garantidos e duradouros.

Deixe que as pessoas o conheçam pela boa realização de seu trabalho. Novidade, e das boas, sempre vira notícia. Contribua para que isso aconteça. Cause logo na primeira visita do cliente uma boa impressão. Lembre-se de que: "Você nunca tem uma segunda oportunidade de causar uma primeira boa impressão." Receber o cliente bem é uma das principais tarefas no início da construção de uma imagem. Construir a imagem da loja na mente dos clientes é um desafio que qualquer negócio precisa vencer para estar vivo daqui para frente.

O primeiro passo para se ter uma imagem bem definida é dar à fachada a mesma abordagem do interior da loja. Manter a coerência nesse aspecto tem o mesmo efeito que as propagandas em forma de campanha – sempre parecidas. Depois de um tempo, os consumidores passam a associar o estilo com a marca. E é esse nosso principal objetivo. A fachada e as vitrines atraem clientes. O interior da loja ajuda a mantê-los lá dentro.

Gastar dinheiro em comunicação de loja é um esforço de quem sua para ganhar dinheiro e que, na hora de investir, não pode pensar em desperdiçar um único centavo. Negócios que contam tostões e que lutam para sobreviver têm de tirar partido dos recursos de que já dispõem – é nesse sentido que conta a comunicação da loja para dentro.

- **Ponto**

A comunicação da loja para dentro é feita a partir de um investimento obrigatório no varejo: o ponto. Ela usa o ponto, que já foi pago como o grande veículo de comunicação. O investimento da loja para dentro, com certeza, é o mais barato e o que traz mais retorno. Vale a pena, então, investir com competência para que o retorno seja maior ainda.

Falando em ponto, fica muito difícil se pensar em uma loja que tenha um ponto ruim. Claro, as luvas fazem a gente refletir dez vezes. Mas é muito mais provável que um ponto caro o leve ao sucesso que um barato. Evidentemente, os conceitos de caro e barato dão o que falar, mas, se você pesquisar bem, um ponto que custe mais que outro vai lhe trazer mais retorno. Tenho muitos clientes que investiram em shoppings não maduros porque o ponto era mais barato. E já fecharam.

O projeto da sua loja tem de ser completo, dentro do posicionamento, dentro dos valores, dentro das diretrizes de comunicação. Se você ainda não está muito firme em relação aos alicerces do seu negócio, repense cada item.

É bom deixar claro uma coisa: o ponto perfeito não existe. Há aqueles que são objetos de desejo por algum tempo, mas que, mais tarde, perdem a majestade. A localização antes muito promissora pode entrar em decadência, o lugar tranquilo pode ficar violento, o muito acessível tende a ser inseguro... Enfim, todas essas coisas podem ocorrer, mas são difíceis de prever. O que você deve fazer é procurar ao máximo e não se contentar com a primeira coisa que aparecer. Um bom ponto não garante que seu negócio terá sucesso, mas um ponto ruim quase sempre significa o fracasso.

Uma receita simples para saber se seu ponto é bom: ele fica no caminho do seu cliente? O tráfego certo é muito importante. Não existe propaganda que conserte um tráfego ruim. O que conta não é uma quantidade enorme de pessoas passando por sua loja todos os dias, mas, sim, uma quantidade enorme de seus clientes em potencial passando por ela todos os dias!

Outro fator que não podemos esquecer de analisar na hora da escolha do ponto é a concorrência. É bom ou ruim para o seu negócio estar perto ou longe dela? Muitas vezes, uma concentração de lojas de decoração, por exemplo, faz com que o local se torne conhecido e vire ponto obrigatório para quem quer decorar a casa. Nesses casos, você pode optar por ganhar o cliente pelo preço, o que não é muito aconselhável, ou por um atendimento diferenciado e produtos inovadores.

- **Marca**

A marca que você definir para o seu negócio vai ser para sempre. Até dá para mudar o resto. Logotipo muda, mas a marca fica. O nome da sua loja deveria sugerir o que ela vende. Fica mais fácil fixar a marca. Casa do Pão de Queijo vende o quê? Mister Pizza vende o quê?

A Mesbla era Mestre & Blatgé. Uma cadeia de lojas supercompetente de Porto Alegre se chamava Superfestas. Vendia brinquedos. Ao se expandir para outros estados onde a marca é desconhecida, o primeiro esforço era para dizer que a loja não vendia artigos de festas. A minha loja se chama Mondo Sommerso. Quando começou, o forte eram os peixes de água salgada. Hoje, vende cães, gatos, pequenos roedores e pássaros. Pelo nome, todos se afogam. Estamos migrando para Mondo Pet Shop.

Nomes curtos têm a preferência dos especialistas em identidade visual. Afinal, quem vai negar que o nome Gap é mais fácil de se comunicar que

Bloomingdale's? Além disso, qualquer letreiro com nome pequeno fica visível. E letreiro com um nome de muitas letras é mais caro.

O logotipo tem de ser simples, visível, marcante e coerente com o que você vender. Invista nele. E lembre-se de que o primo do amigo do irmão da sua cunhada cobra mais barato para fazer o seu logotipo. Mas pode não ficar tão bom quanto o feito por um *designer*.

- **Fachada**

O cliente em dúvida começa a se decidir entre duas lojas a partir da avaliação que faz da fachada. E vamos em frente, primeiro criando uma fachada de grande impacto, com materiais e cores que vão realçar o seu conceito. Capriche muito! O que você vai investir vai durar bastante. Então, invista; não gaste apenas. A primeira preocupação que se deve ter com a fachada é se o acesso à loja é facilitado. Não obrigue o cliente a fazer ginástica para chegar até ela. Muitas vezes, o acesso complicado intimida a entrada. Procure colocar sua loja no nível da calçada, sem muitas escadarias.

Hoje, um local para estacionar o carro é de extrema importância. Se sua loja não for localizada em um shopping, que conta com estacionamento próprio, procure um lugar onde seja fácil encontrar vagas, tente uma parceria com os "flanelinhas", alugue um terreno vazio em associação com lojas vizinhas e, se nenhuma dessas alternativas for possível, o que é bem provável, trabalhe cada vez mais na qualidade de seus serviços para que a ida à sua loja valha o esforço do consumidor.

Os letreiros têm importância fundamental para comunicar quem você é e chamar a atenção de quem passa por perto. Tenha certeza de que o tipo de letra, as cores e os padrões que você escolheu sejam condizentes com seu estilo. Cuidado com as cores nas letras e no fundo; algumas prejudicam a visibilidade quando são vistas de longe. Contrate um profissional da área para assessorá-lo. Não pense que isso é jogar dinheiro fora. Lembre-se de que o letreiro é seu cartão de visitas e uma coisa amadora, com aparência desleixada e feita sem capricho, pode afastar o cliente. E depois de tanto trabalho não é isso que queremos que aconteça.

A iluminação das fachadas valoriza elementos e ajuda a criar uma "embalagem" atraente para os clientes. Se sua loja está numa rua ou avenida, a iluminação pode ser somente noturna, mas se está em um shopping ou galeria, a iluminação tem de estar funcionando durante todo o dia. Saiba que nem sempre o caro quer dizer bom. Iluminações de néon são caras e causam impacto, mas podem não estar em harmonia com o resto da fachada e com o posicionamento da loja. Uma iluminação barata, mas bem cuidada e planejada, causará impacto muito maior. Tudo isso para dar visibilidade à loja.

Massifique sua marca, coloque-a nas vitrines, paredes, etiquetas, letreiro... e faça com que todos saibam da existência de um negócio que você elaborou com tanto carinho.

O único limite para tudo é que a estrela da festa é o produto. O cliente vai à sua loja para comprar um produto pelo qual possa se interessar. Ele é a estrela do palco que você prepara para receber seus clientes.

- **Vitrine**

Uma, duas ou nenhuma? Qualquer das opções tem de convidar o cliente a entrar. Despertar desejo. No que diz respeito ao tema vitrine, vale a pena contar uma coisa que aprendi com o Paulo Fernando Bittencourt, meu ex-chefe da Mesbla e hoje dono da cadeia de lojas de calçados femininos City Shoes: cada vitrine tem de contar uma história muito interessante para seu cliente. Só uma história, senão ele se confunde e passa reto. Faça o teste de passar pela vitrine, contar até vinte e tentar se lembrar do que viu. Lembrou? A vitrine está dez. Não se lembrou? Desmanche e faça outra.

Qualquer que seja a arrumação da vitrine, qualquer que seja o tema, o personagem é sempre o produto. Cuidado para não dar ênfase a coisas que você não vende. Neste caso, a simplicidade é o maior trunfo. Colocar todas as mercadorias expostas na vitrine não faz com que as pessoas entrem na loja. Pelo contrário, a desorganização pode até afugentá-las. Exponha aquilo que realmente interessa utilizando peças que indiquem seu posicionamento.

Pesquisas informam que aproximadamente 25% das vendas são motivadas por produtos expostos na vitrine. Dessa forma, uma vitrine bem montada e que cause impacto é uma aliada importante para sua loja. A simplicidade não significa a falta de impacto: mostre os produtos acompanhados de acessórios que lhes deem destaque e que criem pequenos cenários.

Vitrines existem para dar visibilidade aos produtos e, consequentemente, atrair compradores para a loja. A apresentação dos preços é sua função secundária, a não ser que seu diferencial seja o preço baixo; nesse caso, o preço é o chamariz. Por isso, antes de montar a vitrine, é preciso saber quem você deseja atrair. Se forem clientes de maior poder aquisitivo, a vitrine deve ter poucos objetos, no sentido de valorizar o produto, com iluminação adequada (foco de luz), acessórios sóbrios e discretos. Se forem jovens adolescentes, cores, itens inusitados com movimento, dando ideia de dinamismo, ação e rebeldia – sentimentos próprios da idade – são os mais indicados. Se seu produto é básico, a vitrine tem de ter a novidade do dia.

Vitrines cheias dando destaque ao preço são adequadas a um tipo de público de poder aquisitivo mais baixo. Falando em preço, coloque-o sempre em etiquetas perto do produto. A mania de afixar uma lista ilegível de preços lá embaixo é muito ruim. Lembre-se de que quando passamos dos quarenta anos, a visão fica prejudicada e a paciência também. Se a lista é posta lá embaixo por medo de que o cliente não goste do preço e vá embora, saiba que a ilegibilidade pode causar o mesmo efeito e ainda provocar um estrago maior. E se aquele que não conseguiu ver fosse um cliente-fã em potencial?

No caso de o produto ser realmente caro, ao lado do preço, coloque uma pequena explicação. Fale da origem, do tipo de material, da fabricação... enfim, provoque a "síndrome do museu". Quem iria dar importância àquela pedra solitária, se a seu lado não estivesse uma pequena explicação: "Achada aos pés da cruz de Jesus." O comunicado não precisa ter mais de cinco linhas e já é um diferencial.

Não se esqueça de que vitrines têm vida curta. As que permanecem por muito tempo perdem o charme e passam a ser indiferentes aos olhos dos clientes. O prazo da mudança pode ser de uma semana ou até 15 dias. Isso depende do ciclo de visitas do cliente. Mesmo vitrines que só mudam com a estação do ano devem ter uma alternância de mercadorias, para renovar e mostrar coisas que o cliente talvez ainda não conheça.

Vitrines comemorativas são grandes vendedoras. Merecem atenção especial e preparação prévia. A criação do clima dentro da loja fica muito fácil quando as pessoas já estão com o espírito de feriado. Mas atenção: vitrines comemorativas têm data certa para morrer – um dia depois da comemoração!

- **Entrada**

A entrada da loja tem de exercer o papel de "aspirador" de clientes. Cada cliente espera um tipo de entrada e aquele que você definiu como foco deve se sentir, além de muito à vontade, extremamente tentado a conhecer seu negócio. A sensação de um tapete vermelho deve estar presente em todos os momentos, e sua loja deve ficar conhecida justamente por causar essa impressão no dia a dia. A entrada deve ser preparada de acordo com o gosto e necessidades do tipo de pessoa que você escolheu para seu consumidor-alvo. Lojas abertas, com vitrines sem fundo, portas largas ou sem portas convidam o cliente a entrar.

- **Interiores**

A organização interna deve contribuir para a circulação e facilitar o deslocamento dos clientes e da equipe. Dentro da área de apoio, geralmente, o caixa "ancora" os outros setores, além de servir como ponto de exposição de produtos que geram compra por impulso. Dependendo do posicionamento e do tipo de clientes, sua localização muda favorecendo a estratégia de vendas.

Na entrada, um móvel emoldurando a grande atração da festa da semana: um produto que ninguém tem, iluminado com o maior destaque. Se o espaço for pequeno para um móvel, dê prioridade à facilidade de circulação. A harmonia dos móveis dentro da loja tem de auxiliar o fluxo e facilitar a escolha do cliente.

Os itens mais importantes devem ser sinalizados. Se você não é *fast-food* não sinalize como um *fast-food* o faria. Sinalizar tudo é o mesmo que não sinalizar nada. E, de novo, siga o exemplo dos museus. Só carregue no seu estoque produtos que tenham histórias para contar. E use cartazetes e sua equipe para contar histórias. Sua marca tem de estar em todos os materiais para reforçar a lembrança. E regue tudo com luzes, cores e cheiros marcantes.

Entrando mais na loja, organize os produtos com a lógica dos clientes. Facilite a escolha. O princípio mais forte que orienta a arrumação da loja é o uso final. Clientes vão a uma loja de material esportivo comprar produtos do esporte que praticam, vão a lojas de eletro comprar geladeiras e não eletro e a lojas de roupas comprar camisetas com gola. Então, organize a sua loja pela cabeça do cliente, pelo que ele poderia procurar. E coordene as mercadorias para que ele se anime a levar tudo de que precisa, queira e deseje.

Clientes de pet-shops não compram aquários sem equipamento, nem pássaros sem gaiola. Calça fica perto de cinto e sapato perto de meia em lojas que vestem homens. Aí, o cliente leva. Depois da decisão do cliente, embale o sonho que ele acabou de comprar com uma sacola que tenha a sua cara. Nem ele nem quem vir a sacola deixarão de se lembrar de você. Cumpra o ritual da comunicação da loja para dentro com a certeza de que este é o investimento mais importante da vida do seu negócio. Daí para frente, é só esperar, os clientes virão. Junto com o produto e o serviço: trabalho feito, cliente satisfeito, retorno de investimento garantido.

- **Iluminação**

A iluminação bem planejada estimula os clientes, a equipe se sente melhor e os produtos ganham cores e formas definidas. Vários estudos já comprovaram a importância da luz em nossas vidas e que sua utilização da maneira correta propicia o bem-estar geral. Contratar um projeto de iluminação é dinheiro bem empregado, com certeza. Os profissionais especializados sabem como valorizar ambientes e mercadorias e fazem com que as áreas que você antes pensava mortas se sobressaiam incrivelmente.

Os alimentos são valorizados pela luz incandescente (levemente amarelada), por isso, a luz fria ou fluorescente não é indicada para esse fim, pois deixa esses produtos, principalmente a carne, com uma cor arroxeada. Se sua loja for pequena e a ventilação deficiente, lâmpadas fluorescentes produzem mais luz e menos calor. Cuidado com o grau de luminosidade, ele deve ser adequado para gerar conforto visual. As cores também são muito importantes e lâmpadas que reproduzem a luz natural evitam que elas fiquem distorcidas. O assunto iluminação é tão forte que seres mais "iluminados" que se especializam no assunto vão ajudá-lo, e muito, a criar mais impacto e obter mais retorno do seu investimento.

- **Cores**

Falando em cores, é bom lembrar que elas contribuem para comunicar a identidade da loja. Assim, é importante que sua escolha não seja baseada no gosto pessoal, mas na aplicação de critérios objetivos. Cores contrastantes causam um efeito vibrante e chamam bastante a atenção, porém, podem facilmente resvalar para o mau gosto. Já as cores análogas não chocam, no entanto, podem pecar pelo excesso de discrição e até transmitir frieza ou mesmo tristeza.

- **Sinalização**

A sinalização, além de contar as melhores histórias sobre seus produtos e serviços, tem a função de mostrar para o cliente onde eles estão. Uma grande loja deve ter suas áreas bem determinadas por razões óbvias. Mas as lojas pequenas têm a mesma responsabilidade de ensinar ao cliente onde encontrar cada tipo de produto que a loja oferece.

A sinalização informativa deve conter dados sobre preço, produtos e serviços disponíveis. Ela existe para facilitar, portanto precisa ser fácil de achar e ler, sempre com objetividade e identidade. Existe também a sinalização promocional. Uma parte importante (e esquecida) da propaganda e da comunicação com o cliente acontece depois que ele atravessou a sua porta. Folhetos, calendário de eventos da loja, entre outros, influenciam a experiência que o cliente terá e fazem com que ele queira voltar. Até a maneira como você embala a mercadoria pode promover sua loja depois que o cliente sai com o item comprado. Sua sacola vira um *outdoor* ambulante.

- **Som ambiente**

As lojas não devem ser silenciosas. Os clientes se intimidam em um ambiente silencioso, onde parece que cada palavra pronunciada será ouvida pela loja inteira. Ele não se sentirá confortável e a tendência é que saia o mais rápido que conseguir. A música ambiente ajuda a criar atmosfera e experiência agradáveis e reforça a imagem de sua loja na mente dos compradores. Fique atento ao volume, pois a regulagem adequada é crucial. Não deve ser nem muito baixo, a ponto de não ser possível identificar a música, e nem muito alto, para não desviar a atenção do cliente e atrapalhar o diálogo.

O tipo de música depende de seu tipo de público e posicionamento. Escolher uma estação de rádio pode parecer mais prático, mas além de ser impessoal, você corre o risco de fazer propaganda do concorrente dentro de seu próprio negócio. Organize uma seleção de CDs que você tenha certeza de que vão ser a voz do estilo que sua loja propõe.

- **Aromas**

Muitas lojas utilizam esse artifício e conseguem fazer com que um cheiro característico leve o cliente a se lembrar de sua loja sempre que o sente. O aroma ajuda na ambientação e na atmosfera positiva. Mas cuidado, pois, assim como todos os elementos que compõem a identidade visual, os odores podem ser um grande diferencial ou uma grande desvantagem para a loja. Um aroma muito forte incomoda e, às vezes, afasta clientes. Que tipo de aroma usar? Uma delicatessen pode exalar um cheiro de pão assado durante todo o dia, lojas de roupas, dependendo do estilo, podem agradar com um cheiro de madeira, lojas de perfume com perfume, loja de café com café...

Você já deve ter percebido que dispõe de numerosos recursos dentro da loja para tornar sua marca conhecida, por meio de uma imagem concreta e de um estilo próprio, visando ao público que pretende atingir. O segredo é saber usar as ferramentas da maneira correta e saber dosar os trunfos que você possui. Tudo é uma questão de sensibilidade, e sabemos que, em nosso tipo de negócio, a intuição e o lado emocional são o que realmente importa na hora de atrair e manter clientes. Quando o consumidor é bem atendido, ele guarda seu nome na cabeça e, principalmente, no coração. E é esse nosso principal objetivo. É por ele que trabalhamos tanto.

- **Planejando o futuro**

Aprendi a planejar com Marco Antônio Augusti, meu sócio, quando fui montar a minha loja. Planejar as reformas que a loja deve ter é fundamental. No caso de negócios de pet-shops, o que fazer com os animais, se a necessidade de reforma for muito constante? Em negócios de entretenimento, o que fazer se o cliente se enjoa rapidamente de qualquer ambiente e é ávido por novidades? Depreciação não é contábil. Deveria ser vista como uma poupança que você faz com a melhor causa do mundo: manter o seu negócio vivo.

Comunicação da loja para fora

Trabalhar bem a loja sempre causa grande impacto em nossos clientes habituais e nos candidatos a clientes que estiverem passando pelo shopping ou pelo nosso ponto. Só que em épocas de vacas magras, isso não é suficiente. Se o tráfego ainda não gera as vendas de que precisamos, temos de pensar em atrair mais clientes: comunicar da loja para fora. Atrair clientes pode custar caro. Se não estivermos muito focados em quais clientes queremos atrair e quais não queremos, podemos incorrer no risco de investir em mídias dispersas demais e jogar dinheiro pela janela. Retorno sobre o investimento? Só planejando muito.

- **Comunicação antes e agora**

Comunicação era para a massa, a mesma arma para todos os clientes. Os maiores símbolos dos veículos de comunicação de massa são os canais da TV aberta. Depois, se passou a buscar os nichos – nem todos os clientes são iguais –, e seus símbolos fortes são os canais de TV a cabo, cada um com sua especialidade. Ou as rádios especializadas como a CBN – notícia para quem quer notícia o dia inteiro.

Só que tudo isso era muito caro e ineficaz. Assim, resolveram que falar diretamente com o cliente era melhor. Tenho um produto, escolho para quais clientes quero falar e mando uma comunicação direta para eles. Como as escolhas de clientes sempre foram listas abertas e sem nenhuma qualificação, o retorno no início da comunicação direta era de 2% a 3%, ou menos.

É de listas ruins que vêm aquelas malas-diretas que a gente não sabe bem por que recebeu (nesse caso, mala não é uma tradução do termo inglês *mail*, mala direta é a gíria "mala" – nem sei se tem no Aurélio, mas se tivesse, seria assim: aquele que aparece sem ser chamado, aquele que é inconveniente, aquele que dá vontade de jogar fora rapidinho).

Eu até hoje recebo uma mala direta de um pagodão que tem toda semana e nem faço ideia de como o meu nome foi indicado para o pessoal. Pior: como não tem remetente, fico sem saber como pedir para parar de receber. Minha mulher, sempre que me vê abrindo essa correspondência, fica com aquela cara de dúvida: ele já foi lá ou não?

A mais nova comunicação é mais bem focada e mais refinada. A comunicação de relacionamento é fundada no seguinte: conhecer o cliente e criar produtos específicos para ele, ou oferecer-lhe o produto de maneiras diferentes. Uma loja brasileira de perfumes permite que o cliente escolha entre as essências disponíveis as que ele quer misturar para criar um perfume exclusivo para ele. A marca? A mesma que a Levi's usa quando faz uma calça sob medida para você nos Estados Unidos: o seu nome.

- **Cuidado com a propaganda**

Poucas indústrias evoluíram tão pouco nos últimos anos como a das agências de propaganda. Pagas para ajudar os clientes a se comunicar melhor com o seu público, abusam da confiança nelas depositada. Em vez de agregarem valor, auxiliando o cliente a fidelizar seus consumidores finais, continuam descobrindo novas maneiras de gastar o orçamento o mais rapidamente possível em filmes que ganham prêmios fantásticos, mas que, raramente, deixam residual de vendas e reputação. Lucro para elas, com certeza.

Quando falamos sobre isso, vêm à mente marcas que construíram sucesso com muito dinheiro para investir, que fizeram e fazem nossas cabeças só pelo que veiculam. Assim é fácil. Sorte delas que conseguiram estar num nicho com margens para tanto. Mas não vai durar muito. Um dia acaba. Mercados normais não permitem esse turbilhão de dinheiro gasto com retorno frequentemente suspeito. Muitas vezes, essas indústrias vivem regulamentadas por decretos ou mecanismos que facilitam muito a tarefa de se ganhar dinheiro. Quando a regulamentação acaba...

- **Propaganda**

Um consultor americano, ex-presidente executivo da Bloomingdale's, que dava suporte à Mesbla numa época em que eu era de lá, me disse: "Invista tudo no ponto e no conceito e nada em propaganda." Radical? Sim. Mas pragmático. Negócios de varejo já têm de investir muito no ponto, mas têm tido pouca preocupação em ser diferentes, parecer diferentes, atender diferente. Ou se têm tido essa preocupação, falharam no resultado final. Quantos conceitos novos têm surgido na área de alimentação? Quantos estão em moda? E anunciar conceitos iguais a todos leva o cliente à loja? Garanto que muito menos que o tráfego natural do shopping ou da rua onde você esteja.

Há quem jogue dinheiro fora toda vez que faz alguma propaganda. Tabloides de supermercados são diferentes apenas nos logotipos. Se eu fosse os supermercados, parava de gastar dinheiro em criação. Combinava com os concorrentes o dia em que teria as promoções, imprimia o mesmo tabloide e só mudaria o logotipo do supermercado. Os produtos veiculados são quase sempre os mesmos. Os preços, idem. Coitados dos clientes que se confundem procurando qual supermercado está com preço melhor em que dia.

Outdoors com anúncio de moda, então, parecem brincadeira. Invariavelmente, uma mulher deitada (que é a única maneira de se mostrar a roupa inteira com um impacto do tamanho do outdoor), com aquele ar de quem é muito superior a todos, em cores ou branco e preto e o logotipo. E só! Ninguém consegue fazer nada além disso. Claro, alguns resolveram fazer pior: em vez de anunciarem seus produtos, conceitos ou algo que tenha a ver com a sua marca, decidiram colocar personagens de boa reputação, mas que ninguém que queira comprar o produto associa à marca. O espaço para a marca? Mínimo. Não dá para explicar. Coisa de agência. Mas, diga-se de passagem, coisa de cliente que aprova a campanha. O difícil é saber qual processo garante que quem decide aprove tais campanhas, que fenômeno psicológico faz com que se invista tão mal.

Numa época em que os meios são tão numerosos, segmentados, precisos, ainda se decide por aqueles que atingem muito mais quem nem sequer pensa em comprar nossos produtos.

Sugerimos que todo varejista, além de se focar na sua loja, opte por três meios para ter força na comunicação e continue a ser lucrativo: o velho e bom rádio, assessoria de imprensa e database marketing (que inclui, obviamente a Internet). Claro que as agências quase nunca se preocupam com esses meios, eles não são lucrativos para elas. Mas estamos falando do seu bolso.

- **Nas ondas do rádio**

O rádio é um meio de comunicação que vive sendo esquecido. Não são só os profissionais que cometem esse erro, as agências também. Para o varejo, muitas vezes, o rádio é a única alternativa de veiculação em massa. Esse veículo de comunicação, literalmente mais velho que a minha avó, é deixado de lado pelas agências, embora seja tão importante na composição do portfólio de comunicação de qualquer marca. Daqui para frente, tudo está entre aspas. O bom é que o pessoal do Sistema Globo de Rádio me autorizou a repassar o que eles levaram tanto tempo para aprender. Lá vai.

O consumidor é, cada vez mais, um alvo móvel e seu tempo de exposição à mídia em geral também vem diminuindo. O meio rádio é o único que está ao seu lado onde quer que ele esteja, no carro, em casa, no trabalho e nos momentos de lazer. O rádio é ainda o meio que estabelece o último contato com o consumidor antes da decisão de compra. Esse é o mais importante impacto no ciclo da comunicação. *E-mobile*, a Internet que vai andar com a gente, vem aí, mas ainda demora um pouco.

Vale lembrar que os orçamentos e as verbas de comunicação dos anunciantes vêm sendo afetados de forma crescente por menores margens e o rádio é o único meio que permite alta frequência de contato com o consumidor a um custo que se possa pagar. Alta frequência em televisão custa caro! O rádio é o parceiro ideal para campanhas!

Para não errar na publicidade pelo rádio:

- *Pertinência do produto* – O consumidor é extremamente inteligente e exigente. Produtos sem apelo e sem qualidade nunca despertarão interesse, mesmo que embalados na campanha mais brilhante de que se tem notícia!

- *Público-alvo* – O rádio é um meio de grande segmentação. A garantia do sucesso de uma campanha está diretamente relacionada à capacidade de agências e anunciantes estabelecerem com clareza os seus consumidores-alvo. O rádio é um dos meios de maior fidelidade de uso, porém, uma campanha "brilhante" para o público errado não vai ter resultado.
- *Criatividade da campanha* – Os consumidores recebem todos os dias milhares de impactos de publicidade. O que garante que a sua mensagem será lembrada no meio de todas as outras? A criatividade é o fator determinante para o sucesso!

O que o meio rádio pode fazer pelo seu produto e pela sua marca?

- *Institucional* – Formato de comunicação que tem por objetivo estabelecer a imagem de uma marca ou de um serviço. Não visa à venda no curto prazo. Porém, a continuidade estabelecerá um diferencial importante na decisão dos consumidores...
- *Testemunhal* – Os consumidores são muito leais às suas emissoras e a seus comunicadores; muitas vezes, os têm como parte da família. Mensagens com o testemunho pessoal de um comunicador são percebidas pelos ouvintes como conselhos e, geralmente, têm grande chance de serem seguidas.
- *Despertando a imaginação e a emoção dos ouvintes* – Vender um ventilador de teto pode ser mais fácil, se houver alusão ao forte calor. Vender uma piscina plástica, certamente será mais fácil com o barulho da alegre brincadeira de crianças na água... O preço e as condições de pagamento são coadjuvantes na decisão de compra...
- *Compre já!* – O rádio é um dos mais poderosos meios para mover o consumidor para ação de compra. Se o produto for desejado, o público-alvo corretamente determinado e a mensagem criativa, o rádio dará resultado. Intensificará o fluxo na loja, movimentará as prateleiras ou aumentará o número de ligações para a central de atendimento.

- *A força da música* – A música toca a emoção das pessoas, e as campanhas mais efetivas de que se tem notícia sempre tiveram na música um forte ícone. *Jingles* criativos são imbatíveis! Afinal, quem bebe Grapette repete Grapette até hoje...

- **Assessoria de imprensa**

Meio que dá retorno: Internet? Ainda não. Nenhuma mídia se compara à assessoria de imprensa quando medimos alguns indicadores: credibilidade, retorno de investimento, possibilidade de se fazer um trabalho contínuo. A veiculação da sua marca nos meios editoriais faz de você algo diferente e intrigante na cabeça do seu cliente e dos clientes potenciais do seu negócio. A Häagen Dasz é campeã mundial nisso. Nunca veiculou em mídia convencional. O conhecimento da Häagen Dasz se faz por meio de seus pontos e da imprensa.

Quando lancei o Panpito, personagem da Pizza Hut no Rio, pedi ajuda a Hierânia Soares, minha guru em assessoria de imprensa, para entender como ele poderia virar notícia. Virou. A Pão do Bairro ousou ser pioneira no Rio de Janeiro, trazendo um conceito consagrado na França de pontos de distribuição de pão semiassado. O processo é inovador e já construiu um novo mercado de distribuição de pães. Com essa história para contar, a Pão do Bairro também nunca veiculou anúncio nenhum, mas já virou notícia.

Precisando de clientes? Defina suas diretrizes de comunicação, peça ajuda a uma empresa especializada em comunicação e vá em frente.

Virar notícia não é fácil. Há mais de vinte anos, no meio de 3M's, McDonald's e Disney's da vida, um supermercado de loja única, empresa familiar, tornou-se notícia no mundo inteiro. No livro *Em busca da excelência*, de Tom Peters, virou caso a ser estudado. O autor lançou a moda da excelência, citando com orgulho Stew Leonard. Os criadores da expressão *wow factor* (aquilo que se tem de causar em cada cliente que entre na loja) e das regras máximas (número um: o cliente tem sempre razão; número dois: em caso de dúvidas, consulte de novo a regra número um) são sucesso até hoje! Mais de vinte anos depois.

É fácil ser notícia? Não! É muito difícil! Milhares de coisas acontecem todos os dias que merecem mais espaço no jornal que o seu negócio. Andy Warhol estava certíssimo: cada um de nós vai ter 15 minutos de notoriedade, sair no jornal, ser reconhecido em praça pública, usar óculos escuros na ponte aérea, enfim... Quando? Quando todos os astros se encontrarem no céu. Ou quando você criar alguma coisa no seu negócio que ninguém resista a contar para o próximo cara que encontrar na saída da sua loja. O que exatamente? Sei lá! Pode ser um personagem a que as crianças não resistam, como o Panpito, que a Penabranca do Rio teve a coragem de lançar para fazer frente a um McDonald's todo poderoso que, até então, ninguém tinha tido a coragem de enfrentar com uma estratégia diferenciada.

O Panpito foi o primeiro programa de relacionamento em *fast-food* do mundo. A *pizza* engraçadinha foi criada por uma gerente de loja, coisa de negócio pequeno. O nome foi escolhido entre sugestões de funcionários, coisa de negócio pequeno. Os brindes eram adesivos superbaratos a que as crianças não resistiam, coisa de negócio pequeno. Tudo coisa de negócio pequeno. Mas ninguém resistia àquela afronta ao modelo McDonald's.

As crianças recebiam pelo correio a panpicarta, escrita em panpiletra, anunciando que, vindo à loja, elas receberiam o panpicartão, que daria direito ao panpiadesivo. Tudo bem baratinho. Coisa de negócio pequeno. O Panpito foi lançado no Natal com a doação de um percentual do faturamento da Pizza Hut a entidades carentes, com visita de crianças carentes com direito a *pizza* e tudo o mais. Uma festa! Todos os jornais veicularam. Todos. Aí não era mais coisa de negócio pequeno, era coisa de quem implementa coisas óbvias com carinho e criatividade. Em três meses, a Pizza Hut tinha mais de quarenta mil sócios, dos quais 70% nunca tinham ido lá.

Antes de querer sair no jornal, faça o seu negócio virar notícia para o seu cliente. Que motivos ele tem hoje para falar do que ele viu na sua loja se não tiver nenhum? Seja um serviço novo que permita que os clientes experimentem a roupa em casa, seja algum prazo especial para a entrega daqueles móveis que demoravam uma vida inteira para chegar. Invente.

Não implemente a ideia em todas as lojas de uma vez, para evitar que o concorrente descubra antes de você poder botar a boca no trombone. Se der certo e o cliente adorar, amplie o conceito. E aí faça o que deve ser feito: conte com uma assessoria de imprensa competente que saiba achar o caminho das pedras e possa encaminhar aos jornalistas que se interessam por boas notícias.

O investimento em assessoria de imprensa? Faça as contas. É um dos que mais dá retorno. Peça ajuda. Há muitos jornalistas de boas notícias! Que gostam de educar seus clientes, de contar novidades que o cliente deveria procurar e que vibram quando alguém consegue surpreender. Peça a ajuda de alguém que possa encontrá-los. Pronto.

E quando você vir algum concorrente seu no jornal, em vez de fazer aquela pergunta capciosa – quanto será que ele pagou para estar lá? –, reflita: a inveja é a maneira mais constrangida de admirar alguém. Mereça e você vai estar lá também.

- **Database Marketing**

Só continue a ler os próximos parágrafos e só tente implementar alguma dica, se você tiver feito a lição de casa de ter produtos e serviços, no mínimo, no melhor nível do mercado. Pronto? Então vamos... No livro *A revolução dos bichos*, de George Orwell, os animais seguem um ditado que diz: todos os bichos são iguais. No fim do livro, depois de pensar e pensar, eles chegam à conclusão de que alguns são mais iguais que outros. O mesmo acontece com os clientes. Há clientes e clientes...

Atendimento, lealdade, fidelização, marketing, marketing direto, marketing de relacionamento? Esse assunto é muito sério. As pessoas brincam com ele. Não se pode iludir o cliente: não se pode prometer mais do que se pode cumprir. A maior ameaça para alguém no varejo é destratar o cliente. O concorrente está atento e vai dar o bote assim que você bobear. Mas isso não basta. Mesmo que você não bobeie, ele vai esperar mais de você. E você só vai conseguir estar perto do cliente para saber o que ele quer a cada momento se trabalhar database marketing: comunicação e marketing feitos a partir do que conhecemos do cliente por meio de um banco de dados que tenhamos na nossa empresa. Meio confuso por enquanto, mas vamos tentar esclarecer.

- **Banco de dados de clientes**

Trata-se da ferramenta básica para qualquer empresa que queira fazer database marketing, seja este direto ou de relacionamento. Novidade? Não!

Seu vendedor já tem um banco de dados. Ou vai me dizer que os seus bons vendedores já não têm o famoso caderninho em que guardam as informações mais preciosas que alguém poderia ter sobre cada cliente que ele cativou?

Em database marketing, o difícil é construir o banco de dados de clientes. Decidir que programa usar, escolher o equipamento, selecionar o consultor que vai ajudá-lo a implementar a estrutura. Tudo parece difícil. E não é tanto. Mas precisa de um passo a passo muito estruturado para que você possa aproveitar cada tostão gasto, ops... investido.

- **Questão do retorno de investimento**

Se você tem dinheiro de sobra para gastar em comunicação convencional, esqueça database marketing. Mas se ainda está naquela fase que não tem nenhum dinheiro para investir, mas quer fazer alguma ação de comunicação, comece a transformar seu *bando de dados*, aquelas informações que estão espalhadas pela sua empresa afora, num *banco de dados*.

- **Banco de dados, não bando de dados**

A implementação de um banco de dados de clientes vai colocá-lo no lugar mais lucrativo para se estar: no coração dos clientes. Cuidado com a confusão: dbm é database marketing, ações que se fazem a partir de um mdb – marketing database. O marketing database é o *hardware* e o *software* usados para se obter dados do cliente. Fica mais fácil chamar de bdc – banco de dados sobre informações dos clientes. Os cinco princípios para se construir um banco de dados de clientes são:

- *Planejamento* – Antecipar as principais necessidades de informações que ele deve conter é chave. Não fique apenas com as informações de proteção de crédito. Seu cliente significa mais que isso. Pense em tudo o que ele pode trazer de oportunidades para o seu negócio. Quando ele vai querer comprar o próximo produto da sua loja?

- *Admita a sua incompetência* – Além de planejar cuidadosamente os componentes de um banco de dados de clientes, você deve mantê-lo aberto para permitir mudanças futuras. É impossível não ter de mudar o seu pensamento! Afinal, o cliente muda!

- *Comece já* – Não postergue a implantação de um banco de dados de clientes por querer chegar à estrutura final da primeira vez. A maioria das empresas nem chega a implantar porque não aperfeiçoa suficientemente o projeto. Esqueça a perfeição. Implante, tente e você vai estar à frente do seu concorrente. Rimou sem querer, mas é isso!

- *Você não é o pai, é o padrinho* – Envolva o maior número possível de pessoas no projeto, principalmente a equipe de vendas. É delas que virá a maioria das informações. Elas serão o fator-chave do sucesso do banco de dados: se não quiserem, nada vai acontecer.

- *Banco de dados de clientes dá retorno* – Meça tudo desde o início, principalmente o antes. Aos poucos, o lucro vai crescendo e você vai valorizar o investimento. Nada dá mais retorno que investir no relacionamento e em conhecer o cliente.

- **Ligando a tomada**

Para que o bando de dados vire um banco de dados, há que se responder às perguntas que se seguem. A minha resposta está abaixo de cada uma delas. Escolha a sua:

- *Quem será responsável pelo banco de dados de clientes?*
  O dono da empresa.

- *Esse banco de dados será montado na empresa ou por uma empresa externa?*
  Comece fazendo internamente, evolua fazendo externamente.

- *Quem o coordena?*
  A pessoa responsável por vendas.

- *Quem será incluído no banco de dados de clientes?*
  Fãs, clientes frequentes, compradores esporádicos, ex-clientes, outras categorias (formadores de opinião), clientes potenciais.

- *Que informações serão implantadas no banco de dados?*
  As registradas por meio das transações (produtos comprados, forma de pagamento), mais as que forem detectadas no relacionamento com o cliente (como o cliente gosta de ser atendido).

- *Quem será beneficiado na empresa pelo banco de dados de clientes?*
  O pessoal de vendas, compras, área financeira, enfim, todos.

- *O que se poderá fazer a partir dele?*
  Marketing direto, marketing de relacionamento, definição de novos produtos, definição de linha de produtos, abertura de novas lojas e, principalmente, melhoria da qualidade interna da empresa (basta registrar tudo o que o cliente fala da nossa empresa todo dia e trabalhar nas coisas que precisam melhorar).

- *E os custos envolvidos no banco de dados de clientes?*
  Os principais são os custos de dados – tudo o que se refere à coleta de dados e ao custo de processamento. Mas o maior custo mesmo é demorar a implementar.

- **Internet**

Os varejistas vivem com medo. Medo dos grandes, medo do shopping, medo da inadimplência, medo da taxa do cartão, medo do medo. Cada nova tendência que vem por aí faz com que os varejistas se recolham na casca e tremam. As tendências de "não varejo" assustam um pouco mais pelo fator do desconhecido. Numa palestra sobre técnicas de administração para panificadores, um dos presentes protestou veementemente contra um colega que passou a entregar pães na vizinhança afora como se aquilo fosse algum tipo de prática ilegal. Depois de um tempo, encontrei o mesmo panificador que tinha aderido e estava ganhando uma porção de dinheiro com a mesma prática. Se não dá para combater, temos de nos unir.

Algumas tendências, já não tão recentes, como catálogos e telemarketing, tinham um custo de implementação muito alto e dificilmente poderiam atrair lojistas individuais. Até nos Estados Unidos, o modismo dos *call centers* (centrais de atendimento) que tomou conta de todo o mercado de bens de consumo e instituições financeiras não pegou no varejo. Por quê? Bem, não sabemos com certeza, mas é fácil deduzir: falta de iniciativa, falta de recursos e, afinal, para que *call center* se o cliente pode vir à minha loja? Só que todas as desculpas são insuficientes quando o assunto é Internet. As perspectivas são de que muita gente migre das compras convencionais para as compras virtuais. O custo de Internet é muito baixo se comparado com qualquer outra mídia. Começar é muito convidativo.

Mas, como diz o meu amigo e ex-aluno Leo Patitucci, da Embratel, a Internet é só sexo. Há dois, três anos, a Rede, nas empresas, era como sexo na adolescência: falava-se muito sobre o assunto e poucos faziam de verdade; quem fazia fazia muito mal e contava vantagens. Agora, a Internet nas empresas é como sexo fora do casamento: há muito mais gente fazendo do que se pensa; quem não faz está querendo fazer, não se sabe bem por quê. É mais provável que eles façam por imitação, porque outros já fazem. Estão muito preocupados com a segurança, mas ninguém está ganhando dinheiro.

Por falar em dinheiro, vale a máxima dos investidores que desistiram de aplicar na Internet. Ouvi um deles dizendo que a primeira fase da Rede foi como a corrida do ouro no início do século: quem procurou ouro e achou ficou rico. Quem procurou e não achou ficou pobre, mas quem vendeu picareta e pá ganhou muito dinheiro, com certeza.

E comércio eletrônico??? *Campo de Sonhos*, aquele filme do Kevin Costner. O pai, já falecido, sopra nos ouvidos do filho conselhos para que ele construa um campo de beisebol, em que viriam jogar todos os ex-ídolos do filho, amigos do pai, todos mortos. No filme, ele constrói o campo e eles vêm. Na vida real, não é bem assim. Se shoppings levam cinco anos para amadurecer e atrair o máximo de clientes, o que dizer de uma nova forma de comprar como o comércio eletrônico?

Shakespeare pode ajudar e muito. *To be or not to be?* Com certeza, os negócios que vingaram foram os de empresas para empresas. Os de empresa para consumidor engatinham – ainda não chegaram a um dígito percentual em comparação com as vendas totais do varejo. Mas há quem já tenha dado certo na Internet. Por exemplo, os bancos, que estão tentando expulsar o cliente da agência há muito tempo. É tão melhor não ter de ir lá!

Quem já está indo para a Internet? Supermercados, eletroeletrônicos, discos, livros. Devagar, mas estão. E o que todos têm em comum? Todos vendem produtos que todo mundo vende, todos têm relacionamento não valorizado pelo cliente e mantêm a entrega dos produtos mais ou menos como era ou ainda aquém do que deveria ser. Nada muito animador.

Ainda que não houvesse comércio eletrônico, o mundo não seria mais o mesmo. Muita coisa mudou. O cliente quer conseguir achar rapidamente tudo o que procura, por onde quer que ele vá. Fácil prever que logo, logo haja praças de moda, praças de serviços como já há a praça de alimentação nos shoppings. A sinalização mais eficaz vai ser regra para qualquer loja.

E chega de escadas e *layouts* que o fazem andar mais do que você espera em qualquer lugar. Menos perda de tempo. O cliente não entra três vezes num *site* que não tenha novidades. A arquitetura vai ter de virar cenário sob pena de o cliente se enjoar rapidamente do que vê, assim como no *ciberespaço*.

O grande mérito do comércio eletrônico para o varejo: mobilização!!! Acabou a zona de conforto e a velha mania de jogar a culpa nos outros. A consciência do varejista para melhorias mudou... O varejo nunca mais vai ser o mesmo depois de tamanha ameaça...

Bem faz o Tom Peters que, em matéria na revista *Exame*, afirmou categoricamente: "Qualquer idiota que acha que os consumidores irão trocar a experiência de comprar em lojas pela de comprar na Internet é exatamente isso, um idiota." Mas pondera: "Qualquer idiota que acha que os consumidores irão continuar a comprar em lojas daqui a 15 anos é exatamente isso, um idiota." E conclui: "Qualquer idiota que acha que sabe qual das duas afirmações acima é verdadeira é o maior idiota de todos."

Capítulo 11

Experiência ·
Momentos inesquecíveis que

Revolução é...

Entramos numa nova era de vendas. A nova era de vendas é que vendas "já era".

Ninguém gosta que ninguém venda nada para ninguém.

Vendas da forma como se fazia até alguns anos atrás padece de um mal sério. O que conta agora é conseguir que o cliente queira voltar ao seu negócio quando resolver comprar o que você vende.

E isso é mais que vender. É causar experiências das quais o cliente não vai se esquecer. Sentimentos que vão ficar por um bom tempo na cabeça e no coração dele.

De produtos diferenciados, temos de ir a serviços de primeiro mundo e relacionamento dos anos 1950. Temos de planejar a experiência passo a passo. Construir *scripts* flexíveis, coisas que o cliente espera que façamos, dedetizar o *antimarketing*, coisas que o cliente odeia e tentar fazer "uaus!" de vez em quando, coisas que o cliente adora.

Só assim, o cliente volta. E volta. E nos recomenda.

A nova era de vendas – Vendas "já era"

A pergunta do século para o varejista é: de quem o cliente compra mais? De quem insiste em vender ou de quem o atende melhor? O inconsciente coletivo dos donos de varejo responde sem hesitar: de quem insiste em vender. Não? De quem o atende melhor? Bem que eu previ. Se você discorda, é bom sinal. Já está conseguindo se colocar no lugar do cliente. Afinal, ninguém mais gosta daqueles vendedores clássicos que o abordam na entrada da loja em vez de acolhê-lo; que ficam seguindo você pela loja inteira oferecendo ternos cinza, quando você queria comprar camisa branca e não tinha. Daqueles que, se você não quer nada, ainda ficam tentando mostrar outras coisas como se você fosse morrer à saída da loja e nunca mais voltar. Se você quer que os seus vendedores abordem, sinta-se um pirata invadindo o navio do outro. Pelo menos, incomodando quem veio visitá-lo.

A questão básica que surge é: se concordamos que o atendimento é mais agradável que a venda forçada, por que achamos que ela gera mais resultado e só pagamos nosso pessoal para atingir metas de vendas e peças por atendimento? Porque estamos preocupados apenas com vendas e não entendemos a importância de se tentar construir relacionamentos para a vida toda.

Pense em todos os lugares onde você compra há muito tempo e confirme a tese de que são lugares em que você é muito bem tratado. Só isso. Não é necessário mais do que carinho para que você volte sempre. A regra deveria ser: carinho para o cliente. A "experiência", termo genérico usado pelos americanos para descrever o que você sente quando sai de um lugar onde tentou comprar, começa com carinho.

No começo do livro, descrevemos várias experiências. Muitas ruins. Frustrantes. Apenas uma maravilhosa. É dela que estamos falando. Já se colocou a experiência num nível até mais elaborado do que vamos tratar aqui. B. Joseph Pine II and James H. Gilmore escreveram *Bem-vindos à economia da experiência na Harvard Business Review*, em meados de 1998, e mexeram com a cabeça de muita gente falando que as emoções fazem uma grande diferença entre o sucesso e o insucesso. Talvez eles tenham exagerado um pouco.

Bares temáticos se provaram um tanto além do necessário para manter clientes. Afinal, o tema exagerado acaba enjoando. Vale quando o turismo é gigantesco. Senão, vai se esgotando e ninguém mais aguenta nem passar por ali. O Ricardo Amaral, que é o rei da noite no Brasil, desistiu. Lançou um restaurante cujo nome é mais uma confissão que um posicionamento: Provisório. Já que daqui a pouco ele vai ter de destruir o que fez e correr atrás de um novo conceito, passemos a chamar o atual de provisório.

Vamos começar a falar do momento da verdade da sua empresa com os clientes. Tudo o que fizemos até aqui só teve uma razão: trazer o cliente para experimentar a sua loja. Três hipóteses: ele achou o que esperava e só o que esperava, encontrou menos do que esperava ou você causou um baita "uau!" no cara. Na primeira hipótese, ele vai continuar perambulando, procurando alguém bom à beça para atendê-lo e pode até voltar para lhe dar outra chance; na segunda, ele não volta mais e vai falar mal do seu negócio por aí; na terceira, ele não só volta como fica falando bem de você por todo lugar que passa. Vira fã.

A melhor novidade? Qualquer que seja o seu negócio, conta apenas uma coisa: o cliente é maluco por ele? Se for, você tem pelo menos uns dois anos de sucesso garantido. Ele vai voltar, vai comprar mais, vai contar para uma porção de amigos o quanto foi bom ter ido lá. Se não for, mãos à obra. Reforma total. Não no ambiente físico. Na sua concepção do que deve ser o seu negócio. Pensar como ele. Exigir como ele. E buscar as diferenças que vão fazê-lo falar de você por aí.

Por que o cliente fica?

É fácil dizer que fidelização é importante. Muito tem sido dito a respeito de programas de fidelização, milhagem, recompensas para que os clientes comprem mais, mas a maioria das empresas usa isso como os casais que resolvem ter filhos para manter o casamento: paliativo que não vai dar em nada. Difícil é descobrir por que o cliente fica. Mas não é impossível. Se a loja tiver produtos diferenciados, serviços de primeiro mundo e relacionamento de três décadas, o cliente fica.

Como assim? Por produto, o cliente paga preço. Por serviço, ele começa a dar valor. Com relacionamento, ele vira fã do seu negócio.

Por onde começa a fidelização?

A fidelização na empresa deveria começar por se tratar bem a equipe que, dessa forma, sim, entenderia o que é tratar bem os clientes. As empresas de revenda de derivados de petróleo têm feito esforços para se aproximar dos consumidores. Só que falta esforço para ajudar e inspirar os postos de gasolina a trabalharem para que o cliente os escolha. Os postos tiram leite da marca que carregam e quase nunca agregam valor. O cliente consome gasolina de determinado posto porque é perto ou porque estava no caminho. De que adianta o posto de gasolina atender mal e a empresa de petróleo pagar milhagem, litragem ou algum tipo de benefício para o cliente continuar consumidor? Vale a pena repetir que a fidelização corresponde em 30% a produto e preço e em 70% a atendimento. Já falamos de produtos, então vamos mergulhar em serviços.

Serviços de primeiro mundo

Se você quer construir serviços de primeiro mundo, tem de entender como o serviço funciona na cabeça do cliente. Do que o cliente gosta? Desenvolvemos um modelo na Ponto de Referência, que fala de construir e desenvolver cinco focos: conveniência, design, atendimento, entretenimento e educação. Só cinco. Como na essência competitiva. Mas como assim? Fácil. Conveniência diz respeito a facilitar as coisas para o cliente – sem escadas, sem ter de pegar as coisas em locais impossíveis, sem filas, sem esperas. Design é tudo o que falamos sobre comunicação dentro da loja. Atendimento é carinho no cliente; claro que precisa ser planejado, mas é puro carinho. Entretenimento é importante porque ninguém aguenta mais sofrer – já está se criando uma indústria baseada em quanto as pessoas estão precisando se divertir. Por fim, educação. Quem aprende não se esquece de quem ensina. Nunca. Vamos então passo a passo.

Conveniência – Ajude-me ou, pelo menos, não me atrapalhe

A coisa mais chata do mundo é inconveniência. Quando se inventou o conceito de loja de conveniência, a ideia era estar presente em locais e horários que ajudassem o cliente a conseguir comprar quando ele quisesse. Mas mais fácil do que falar em conveniência é falar em inconveniência. Ao contrário de marketing, inconveniência é antimarketing.

De vez em quando, o nosso espírito crítico se defronta com algumas coisas sobre as quais nem é bom falar, mas, como dizem que os grandes aprendizados advêm de observar os erros dos outros e não repeti-los... Numa época em que fica claro que todos preferem quem atende bem a quem insiste em vender, os aeroportos estão cheios de "psius" e "ois" de quem quer nos vender alguma coisa. Até bem pouco tempo, as revistas faziam isso. Era a chamada enganosa do "quer um brinde?", como o queijo de uma ratoeira que, se não fere, enche a paciência de quem é vítima. Como, em sã consciência, alguém, em pleno século XXI, achava que estava beneficiando a marca fazendo isso? Se nós no varejo também agirmos assim, vão nos chamar de quê?

E *overbooking!?* Como, em sã consciência, alguém pode admitir que em pleno século XXI ainda aconteça que uma pessoa que reservou uma passagem, pagou e confirmou, chegue ao aeroporto e não haja vaga disponível no avião? Se fizermos isso na nossa loja, vão nos chamar de quê? E olhe que resolver o problema é simples. Basta cobrar o famoso *no* show.

Quem não aparecer paga do mesmo jeito. E pronto. Questão de disciplinar o cliente. Impossível? Se o McDonald's, que cobra muito menos, conseguiu condicionar o cliente a colocar a bandeja no lugar cada vez que vai lá, que dizer de uma companhia aérea e a ameaça de perder alguns mil reais?

E os supermercados então? Os maiores herdeiros da época do consumo de massa fazem algumas coisas para ninguém deixar de botar defeito. Primeiro, colocam um monte de produtos em lugares onde ninguém alcança ou em locais em que ninguém presta atenção. A regra diz que os produtos devem estar na altura do campo de visão. A regra deveria ser: não deve haver exposição fora desse campo. Sempre espero o dia em que nas prateleiras mais baixas só haja ração e produtos para gatos e cachorros. Afinal, a altura dos olhos nesse caso é só para eles. E nas mais altas, só produtos para quem tem mais de dois metros de altura.

Mas não é só isso. Quem quer comprar xampu para cabelos secos ainda tem de navegar em todas as marcas para escolher o que melhor lhe convém. A tal da gerência de categoria, que em certas horas só se lembra do fabricante e se esquece do cliente, nem recomenda que se coloque xampu para cabelos secos junto de xampu para cabelos secos.

E mais: que tal a história de que se faz fila rápida para quem compra pouco e se deixa esperando o cliente que compra dois ou três carrinhos? Bastava ter um menino circulando com carrinhos vazios. Quando ele encontrasse alguém de carrinho cheio, o trocaria pelo vazio e levaria o cheio para alguns caixas fantasmas. No momento em que o cliente chegasse com o último, ele ofereceria um café enquanto processava a conta e levaria tudo para o carro da pessoa. Nem vamos falar de leitura de códigos de barra por sensores de rádio, pois eles podem não nos deixar mais esperar em fila na vida. Que será de nós sem filas?

Chega? Acho que sim. Senão, eu iria começar a falar de revistas de TV a cabo que não trazem o número do canal e TVs por assinatura que obrigam o assinante a comprar todos os canais disponíveis. Se fosse na sua loja seria como se quase nenhuma mercadoria tivesse numeração ou você obrigasse o cliente a comprar calça, meia e cueca toda vez que ele quisesse comprar uma camisa.

Quem ainda pode fazer antimarketing?

Quem ainda não tem concorrentes à altura que rompa o paradigma negativo de mercado e assuma uma postura verdadeira de querer agradar o cliente. Quem sofre com isso? Claro, nós, os clientes. Mas não por muito tempo. Já, já, chega alguém competente para virar a mesa. E a chance de ser alguém pequeno, mas muito competente, é grande.

Atendimento – O seu jeito de receber o cliente

Como alguém que você contrata deveria atender na sua loja? Bem? Claro, todos esperam que nossos vendedores atendam bem, mas de que adianta tudo o que fizemos até agora se, na hora que nosso serviço é colocado à prova, um deslize do vendedor põe tudo a perder? Hora do *script*. O *script* é o roteiro que mostra como você gostaria que o seu pessoal atendesse os clientes. Ele é feito para ajudar os talentos que você contratar a não esquecer os pontos que vão fazer o cliente ficar cada vez mais leal ao seu negócio.

- ***Script* passo a passo**

O *script* é uma consequência do planejamento. Comece dividindo a experiência do seu cliente em partes. O que vai motivá-lo a entrar no seu negócio? Como você espera que ele seja atendido enquanto estiver lá? O que vai fazer com que ele queira voltar? Nada muito complicado, se você pensar como cliente. Se a sua loja é de roupas, inclua no *script* que o vendedor deve acompanhar o cliente até o provador. Ele vai adorar tê-lo por perto quando precisar de outro tamanho ou outra cor. Mas, com certeza, vai detestar tê-lo por perto se de um em um minuto o vendedor perguntar – como ficou? – e ainda der aquela "abridinha" na cortina. Aliás, viva as cabines com portas!

Se a sua loja for de calçados, que tal incluir no *script* que ao ir ao estoque o vendedor deve voltar com pares adicionais ao que foi pedido? Pares um tamanho acima e um abaixo, um do mesmo modelo em cor alternativa e outro de modelo parecido, como faz a Nordstrom. Sem esquecer de dizer que tudo isso precisa ser tão rápido quanto pegar um único par. Do contrário, o cliente vai ficar tão irritado com a demora que... Ah! Que pena! Em vez de achar que o seu negócio é maluco por cliente, ele vai achar que o seu vendedor é maluco. "Ficou passeando este tempo todo no estoque para trazer um monte de coisas que eu nem pedi!!!" Pobre vendedor...!

Lá fora há gente boa! Um modelo muito bom de atendimento é o da Gap dos Estados Unidos, cadeia de lojas de roupas do dia a dia. As lojas têm um sortimento fantástico de produtos nem tão fantásticos assim. A vantagem competitiva é a exposição e a disposição dos produtos – sempre de fácil acesso, organizados por tamanhos e por uso final em combinações de cores que causam impacto ao cliente à primeira vista.

A organização da Gap é tal que fica impossível alguém não encontrar o que está buscando, mesmo se procurar sozinho. Mas há o outro lado da história: todas as vezes que o cliente precisa de ajuda, há um atendente que mais se parece com um anjo da guarda que está sempre perto e com muita vontade de dar o carinho que o cliente tanto quer. A loja da Gap é projetada para permitir o autoatendimento e o pessoal é contratado e treinado para fazer o atendimento mais cortês e prestativo dos Estados Unidos. Conclusão: margem líquida de 9% contra a média de 3% do resto do varejo. Muita competência. E, surpresa: ninguém na Gap cobra vendas dos atendentes. Só qualidade de atendimento.

Entretanto, nada de parar de pagar seu pessoal para bater metas. Mas inicie já um processo de investimento no atendimento. Como? Invente um jeito. Primeiro, combine com o seu pessoal o que deve ser um atendimento campeão. Imite a Nordstrom, cadeia de lojas americanas, e peça aos vendedores que se ajoelhem ao vender sapatos, que se inclinem para ouvir melhor o cliente e para que, feita a venda, calcem no cliente o sapato com o qual ele veio, antes de correr para o caixa para tirar o santo dinheirinho dele.

O passo seguinte é fazer o acompanhamento do seu pessoal nos momentos de atendimento. Atribua pontos a quem realizar o atendimento nota dez. No fim do mês, pague 80% da remuneração do seu pessoal para cumprimento de metas e 20% para quem for consistentemente competente em atender bem. E veja a diferença que isso faz. Depois que se animar, mude o percentual e aumente o incentivo ao carinho ao cliente. Afinal, nenhum cliente resiste a carinho, ele acaba comprando. E voltando. E recomendando a sua loja para os amigos.

- **Premissas para um bom *script***

A premissa número um você já sabe: não diga o que o seu vendedor precisa dizer e, sim, o que ele precisa fazer. Por exemplo, a orientação "sempre que o cliente entrar diga bom-dia ou boa-tarde" pode ser substituída por: "cumprimente o cliente assim que ele entrar". Assim, o seu vendedor estará ciente de que todo o cliente deve ser cumprimentado ao entrar. Como ele vai fazer isso? Depende... do estilo dele, do estilo do cliente, de cada situação. Se ele vai fazer isso da forma como você espera que ele faça? Se você tiver cuidado ao selecionar, ao acolher, ao capacitar, acompanhar e motivar, com certeza!

Segunda premissa: inclua tudo no *script*. Pode parecer contraditório, mas não é. Estou falando de tudo o que o vendedor precisa fazer (e não dizer) para garantir que a experiência do cliente saia exatamente como o planejado, incluindo o que vai surpreendê-lo ou o que pode frustrá-lo. E, para terminar: faça de cada aprendizado um novo *script*. Alguém teve uma ideia supercriativa para solucionar um problema? Coloque no *script:* um bom *script* deve incluir problemas e soluções. Por exemplo, a loja está lotada, de repente, falta luz. O que você espera que a sua equipe faça? Pode ser que ninguém se lembre de ficar à porta, se você não avisar que essa é a primeira coisa a ser feita. Nesse caso, a saída é prever o que pode acontecer e, adivinhe,... colocar no *script*!

- ***Scripts* que ninguém aguenta mais**

A coisa mais importante que um bom vendedor deve saber a respeito do cliente é: como ele gosta de ser atendido? Na pressão? Se ele precisar, esteja perto, a distância, pense nisso. O bom vendedor sabe. E aprende rapidamente o tom de proximidade que o cliente quer que ele tenha. Por muito tempo, uma frase dominou o discurso da maioria dos vendedores. Mal entrávamos em uma loja e éramos verdadeiramente atropelados com: Pois não, quer uma ajuda? Então, vieram os treinamentos em vendas, o "não" foi abolido por ser uma palavra negativa e o "quer uma ajuda?" por ser uma pergunta objetiva. Sorte nossa! Pelo menos, conseguimos nos livrar dessa maneira tão pouco original de receber alguém. Porém, sobraram todas as outras, não tão "oficiais", mas que, ao serem pronunciadas, trazem o horroroso tom automático. Ele (o tom automático) foi quem inspirou o título deste tópico. E é dele que você precisa se livrar ao construir o *script* do seu negócio.

Educação e entretenimento

A forma mais exaltada e comemorada de serviço é o "*edutainment*" (educação + entretenimento). Misturar esses dois conceitos tem a ver com coisas muito elaboradas que andam sendo descobertas em metodologia de ensino. Quem mais ajudou a dar consistência ao conceito foi Howard Gardner, em *Inteligências múltiplas – A teoria na prática*. Não porque ele defenda o *edutainment*, mas porque ele descobriu que o ser humano tem algumas inteligências a mais do que nossos pais valorizavam em nossas cabeças.

Lembra-se das broncas que você tomava por não ir bem em matemática e só arrebentar em português? Claro, sua inteligência lógica não era tão forte, mas a linguística era muito mais forte do que a de qualquer aluno da sala. Lógica, linguística, musical, espacial, natural, física, interpessoal, intrapessoal. São, no mínimo, oito tipos de inteligência que podem ser mais fortes em você que em outras pessoas.

A tese, então, é que se queremos entreter alguém ou educar alguém, temos de compreender como as inteligências do seu cérebro se combinam e como elas podem fazer coisas milagrosas na hora do aprendizado. Experimente contar para um pescador como as águas do rio estavam bravias num determinado dia; o cara vai viajar imaginando a cena. Experimente contar para um músico como vibrava a caixa de som na sala onde você foi ouvir aquele concerto de cordas; ele se arrepiará só de pensar. Experimente contar para um arquiteto tudo o que você viu na viagem que fez ao Egito no último inverno; ele fotografará a sua mente.

Tudo depende do foco de inteligência. Elas são múltiplas, mas qualquer tentativa de educar o cliente tem de passar antes por entender do que a pessoa gosta e, principalmente, de como a pessoa gosta de aprender. E você pode educar o seu cliente de várias maneiras. Se ele vem comprar sapato, ensine-o como o sapato foi fabricado, do couro ao produto que ele vai calçar. Se ele vem comprar material de construção, coloque um profissional da área trabalhando na sua loja para ensiná-lo como funcionam as novidades do setor. Se ele vem comprar óculos, fabrique óculos na frente do cliente.

Tudo educa, e, coincidentemente, tudo o que educa sem passar a imagem boba de professor dando aula também entretém e ajuda a fazer com que o cliente queira voltar. Preste muita atenção a esses dois conceitos: sua loja vai mudar se você trabalhá-los um pouco todo dia.

- **"Uaus!" – coisas que o cliente adora**

Depois que você eliminar o que não é bom no seu negócio e acertar o *script* vamos para o que interessa: como fazer para que o seu negócio vire notícia? Como fazer para que todos queiram falar dele apenas porque ficaram sabendo de alguma coisa que aconteceu que nem dá para acreditar? Parece difícil. E é.

Ainda assim, o que você diria de um supermercado que prospecta clientes dando bolo e café para quem está na fila do INSS? Inteligente? Oportuno? Que o diga o pessoal dos Supermercados Alto da Posse, na Baixada Fluminense, no Rio de Janeiro. Eles fazem mais pão nas suas lojas que muita cadeia gigante que está por aí. Como? Conhecendo cada cliente que entra, dando carinho e ajudando-o no que ele precisa.

As lojas do Alto da Posse nem são tão exuberantes assim. Afinal, não é o que o cliente quer e nem o que ele está disposto a pagar. Mas, sendo tratado como é no Alto da Posse, ele volta. E dá para não virar notícia? E garanto que a empresa gastou muito menos que muita gente grande por aí, mas tomou a iniciativa com a cabeça de quem é maluco pelo cliente. E não quer que o cliente o troque pela Internet.

- **Dando o exemplo**

Quando estava procurando a loja em que iria investir todo o dinheiro que juntei ao longo da minha vida, o Marco, meu sócio, tinha criado um conceito sem igual no mundo: a Mondo Pet-shop. Uma loja com algumas características que ninguém nunca conseguiu ter. Pet-shop sem cheiro, com todos os animais expostos na vitrine, com cuidados para os animais que ninguém no mundo dá. Um novo paradigma para o setor.

O Marco me ofereceu a filial no Rio. Fácil decidir. Claro que quero. Afinal, a Mondo é negócio de quem é maluco pelo cliente. A Martha, minha esposa, que é a verdadeira dona de lá, e a equipe da loja que digam o trabalho que dá. Inauguramos o conceito no Rio. Depois de nós, abriram mais de vinte pet-shops, só na Barra. E até agora não fechamos nem pensamos em fechar. A concorrência só ajudou a aumentar o mercado. Quem é bom tira proveito. Negócios malucos pelo cliente têm de ter conceito forte. Mas isso não basta. Além do conceito, temos de definir quem vai trabalhar lá e como vai ter de ser a liderança.

- **Incorporando "uaus!" ao conceito de serviço**

Se você quer fazer com que o seu cliente encontre algumas pistas que o motivem a buscar um "verdadeiro tesouro" no seu negócio, comece trabalhando cuidadosamente os dois primeiros desdobramentos do conceito de serviço: conveniência e design (para o cliente, é claro).

Imagine, então, a seguinte situação: sábado à tarde, véspera do Dia das Mães, alguns filhos ainda corriam para encontrar um presente de última hora...

A loja era de roupas femininas, mas a vendedora não hesitou nem por um momento em apagar as luzes e acabar de vez com a esperança do filho que parecia ter encontrado o que procurava na vitrine da loja. Conveniente para ela. Já deveria estar na sua hora. Imagine só, ainda ter de atender mais um cliente!

Já no paraíso de quem procurava um presente baratinho, o tamanho da fila fazia com que muitos clientes não se arriscassem e desistissem ainda na porta. Horário de funcionamento mal planejado, filas, quadro subestimado, falta de estacionamento, dificuldade de acesso.... Tudo muito básico. Tudo muito inconveniente. Mas, infelizmente, tudo muito real e muito longe do que poderia nos fazer acreditar que o "tesouro" realmente existia.

Chegou a vez do design da loja. Aqui a brincadeira fica mais emocionante! Relembrando: design significa a arte feita para usar e na linguagem de quem trabalha no varejo é sinônimo de carinho com cada detalhe. Duas lojas, uma ao lado da outra. Na primeira, a luz fria e forte fazia com que todas as cores parecessem primas do azul, o som invadia sem nenhum pudor tanto os corredores do shopping quanto os ouvidos de quem passava por perto. Entender a lógica da exposição da vitrine era tão complicado quanto saber quem era cliente e quem era vendedor, já que ninguém usava uniforme e nem pela postura era possível fazer qualquer tipo de identificação. Algum "uau!" até agora?

Na loja ao lado, a luz era acolhedora apesar de garantir o foco necessário a cada produto. A vitrine, com uma produção simples, mas pra lá de criativa, tinha até o nome da história que estava sendo contada: passeio no bosque (era uma loja de roupas infantis). A música não era a de Chapeuzinho Vermelho (e nem precisava), mas era adequada para mães e crianças e ainda estava em um volume agradável. A única coisa que invadia os corredores sem o menor pudor era o cheirinho de bebê que vinha da loja. As vendedoras estavam devidamente uniformizadas e, mesmo que não estivessem, a postura era tão característica de quem estava procurando ajudar que seria impossível confundi-las. Na parede, nenhuma placa com a mensagem "não trocamos aos sábados". Em um cantinho da loja, carrinhos de bebê, muito úteis para liberar as mãos das mamães que saem sem eles. No provador, brinquedos para as crianças se distraírem e um banquinho para a mamãe não se "acabar" pagando todos os seus pecados, de joelhos, em um provador. No chão, um tapetinho, para os pimpolhos não pisarem no piso gelado... O que você achou? Algum "uau!"?

- **O caso dos móveis**

Há mais de vinte anos, quando me casei pela primeira vez, tive uma das experiências mais marcantes da minha vida de consumidor. Lição para nunca mais esquecer. Além de me tratar muito bem, quando escolhi os móveis, o vendedor me disse: "Tudo bem, vou levar na sua casa." Achei que era papo de vendedor fechando vendas, mas não era. Ele os levou à minha casa sem que eu ainda tivesse feito a compra, os expôs lá e a partir daí quem comprou os móveis fui eu. O esforço que ele fez foi apenas pensar na melhor condição de pagamento para que eu conseguisse pagar. O desejo ficou irrefreável. E vinte e alguns anos depois, eu ainda conto a história.

Agora, pergunto a você: será que ele estava vendendo muito naquela época? Resposta: não. Outra pergunta: será que ele estava com um caminhão parado sem ter o que fazer, um motorista e um ajudante? Resposta: sim. Mais uma pergunta: será que ele era daquele tipo que ficava esperando Deus ajudar, o mundo rodar ao contrário, ou trocar o Papa? Nããããão! O cara era muito focado em cliente! Ele percebia exatamente o que o cliente poderia querer e de que forma ele iria se sensibilizar. E ele sabia que custo mesmo e falta de lucratividade era deixar a equipe parada sem pensar em soluções para aumentar o movimento.

- **Novas e boas em móveis**

Algumas indústrias são tão viciadas em fazer coisas que o cliente odeia que algumas medidas simples poderiam reverter todas as expectativas. Imagine o pessoal da instalação do novo móvel de cozinha que você comprou saindo da sua casa... Dez dias depois do prometido, poeira espalhada pelo chão, a porta ainda meio emperrada e o cheiro nada agradável de quem trabalhou muito por lá.

Agora, imagine outra situação: o mesmo pessoal, um dia antes do prometido, tudo combinado com você, exatamente na hora marcada, só saindo depois de passar o aspirador em toda a poeira, em cada fresta mesmo. Ainda antes de sair, um *spray* floral suave que deixa aquele cheirinho de quem cuidou com carinho do que tinha de fazer. Cada porta conferida, cada dobradiça lubrificada e um cartão assim que a porta se abre pedindo desculpas pelo incômodo, confirmando que as coisas foram conferidas e bem, agradecendo a preferência e de qualquer jeito divulgando o telefone para o caso de, ainda assim, haver algum problema. Uaaaaau! Para matar de vez o cliente, dois dias depois, o próprio montador liga para o responsável pela recepção do móvel para saber se tudo está de acordo com o prometido.

- **Custo ou anticusto?**

Quanto custou o *spray*, o cartão e o aspirador? O jato de *spray* R$ 0,30. O cartão R$ 0,30. O aspirador rateado por um ano de visitas R$ 0,15. O telefonema do montador R$ 0,30. Com certeza, um custo muito menor do que seria, se o cliente nunca mais comprasse na loja por causa de um trabalho malfeito. Com certeza, muito mais barato do que seria pagar alguém para falar tão bem da sua loja quanto cada cliente vai passar a falar. Com certeza, mais barato do que o desconto que o seu concorrente vai ter de dar para vender a mesma coisa que você vende depois que a fama do seu sucesso se espalhar por aí. Diferencial não é custo. E nem acaba com o seu caixa.

Se você disser ou pensar que não dá para fazer, não vai dar. Meu negócio não é móveis! Mas eu garanto que no seu negócio há coisas que todo mundo faz que você não deveria fazer para não matar o seu cliente de ódio. E há coisas que você não faz que, se fizesse, iriam enlouquecer de alegria o cliente já tão descrente de alguém que o deixe feliz.

O seu futuro e o futuro do varejo

O varejo é a indústria que mais muda. Já foram apenas lojas de rua, vieram as lojas de departamentos, os shoppings, os catálogos, o telemarketing, a Internet. Afinal, o que vem daqui para a frente no varejo? Fácil prever? Claro que não. Prever o futuro é rever as coisas que o passado nos ensinou e tentar replicar.

Imagino coisas pensando no *ser, saber* e *fazer* do cliente. Acho que não são delírios.

Ter – Lojas que atendem às necessidades básicas

No futuro, vão existir as lojas do ter. Apenas oferecendo produtos e preços. Grandes redes com força inimaginável de compras que vão ter lojas muito enxutas, quase sem serviços, mas com preço muito barato. Essa é a tendência das grandes redes de supermercados. Empacotador na ponta do caixa? Não vai ser essa a proposta. Lojas luxuosas? Não vai ser essa a proposta. Só produto e preço.

Fazer – Lojas que facilitam a sua vida

Elas já existem. Entregam a sua compra em casa. Atendem pelo telefone. Os bancos, aliás, são o maior exemplo disso. Para que ir lá? Fique em casa e faça tudo o que você tiver de fazer sem colocar o pé na rua. Custa? Claro que sim. Mas esse conceito é para aqueles que sabem quanto vale cada minuto perdido. E pagam por isso. No futuro, quando a geração que não nasceu pela cegonha, mas foi "downloadeada" pela Internet começar a comprar, lojas virtuais vão virar um sucesso e vão roubar um percentual da venda das lojas convencionais. Sumir com elas nunca.

Ser – Lojas que dão carinho aos seus clientes

A tecnologia vai mudar, mas dificilmente a psicologia vai. Os clientes sempre vão ter espaço no seu coração para quem os tratar bem. Quem pode ocupar esse espaço? Os pequenos. Ou as cadeias de lojas que se dediquem a tratar o cliente muito bem. Os grandes vão tentar, mas não vão conseguir jamais. A eles cabe o espaço de atender o ter. No caso dos pequenos, CRM não vai ser *costumer relationship management*. Vai ser Conhecer Realmente a Moçada. Pelo nome. Com detalhes do que a pessoa gosta, como ela quer que a atendam e tudo o que vai deixá-la sempre constrangida se trocarem de fornecedor.

Mas tempos atrás, Drucker, louvado seja, escreveu que a melhor maneira de se prever o futuro é construí-lo. Desculpem, mas nem me lembro onde. Cabe então a você que não é grande decidir qual dos três caminhos escolher. Construir diferenciais é vital. Em qualquer um deles. No primeiro, ser mais barato com o melhor sortimento – briga de escala e de logística. No segundo, ser rápido, muito rápido. No terceiro, só com muita energia PCC – Pense Como Cliente –, colocando-se no lugar dele. Você é quem vai decidir.

Ufa... Cansa? Loja cansa. Mas se varejo for benfeito dá muito prazer e mais que isso, o cliente reconhece. E quando ele reconhece, escolhe.

Quando escolhe e gosta muito, conta para alguém. Tudo isso depende de quem? De você.

Exerça a vocação para lojista. Entenda que ser lojista não é apenas investir dinheiro. É investir a alma. E vocação é só o começo. Agora dá para entender por que o bom lojista tem de juntar o lado amador que vem com a vocação – amador é aquele que ama – com o profissional, aquele que, com o coração, conceitua e sistematiza o trabalho por meio do Ciclo de Competência do Varejo. Os outros passos do Ciclo de Competência do Varejo têm de ser trabalhados. Em outro livro. Em outra fase da vida de vocês.

Crescer? Ser grande não é mais importante que ser competente. Ser competente é o pré-requisito para alguém ser grande. E não o contrário, como muitos nos levam a pensar.

A ideia agora é dar um tempo. Para que vocês possam digerir o que leram. E tentar aplicar ao dia a dia do negócio de vocês. A gente vai se encontrar por aí. Em alguma palestra, convenção, seminário ou pela Internet.

Questão de tempo e de afinidade.

edsaiani@pontodereferencia.com.br
www.pontodereferencia.com.br

Bibliografia

BERRY, Leonard L. *Serviços de satisfação máxima: guia prático de ação.* Rio de Janeiro: Campus, 1996.

DRUCKER, Peter. *Administrando para o futuro.* São Paulo: Pioneira, 1992.

FREIBERG, Jackie, KELLEHER, Herb. *Nuts! As soluções criativas da Southwest Airlines para o sucesso pessoal e nos negócios.* São Paulo: Manole, 2000.

GARDNER, Howard. *Inteligências múltiplas – A teoria na prática.* Porto Alegre: Artmed, 1997.

HAMEL, Gary. *Competindo pelo futuro.* Rio de Janeiro: Campus, 1995.

KOTLER, Philip. *Marketing para o século XXI.* São Paulo: Futura, 1999.

MASLOW, Abraham. *Maslow no gerenciamento.* Rio de Janeiro: Quality Mark, 2000.

PETERS, Tom. *Reinventando o trabalho.* Rio de Janeiro: Campus, 2000.

PINE II, B., GILMORE, James H. "Bem-vindos à economia da experiência". *Harvard Business Review.* Harvard Business School Press, 1998.

POPCORN, Faith. *Relatório Popcorn.* Rio de Janeiro: Campus, 1993.

PORTER, Michael. *Estratégia competitiva.* Rio de Janeiro: Campus, 1998.

RIES, Al. *Foco, uma questão de vida ou morte para a sua empresa.* Rio de Janeiro: Makron Books, 1996.

Notas

A Editora Senac Rio publica livros nas áreas de gastronomia, design, administração, moda, responsabilidade social, educação, marketing, beleza, saúde, cultura, comunicação, entre outras.

Visite o site www.rj.senac.br/editora, escolha os títulos de sua preferência e boa leitura.

Fique atento aos nossos próximos lançamentos! À venda nas melhores livrarias do país.

Editora Senac Rio
Tel.: (21) 2536-3900
Fax: (21) 2536-3933
comercial.editora@rj.senac.br

Disque Senac: (21) 4002-2002

Este livro foi composto em Frutiger 10,5/16 e impresso em papel offset 90g/m², pela gráfica Rettec Artes Gráficas para a Editora Senac Rio, em fevereiro de 2010.